승중을 통해 하나님의 나라는
정형하고 이루어가길 축복합니다.

허 재 호

하나님
나라가
임하는
순종

하나님 나라가 임하는 순종

**하나님 나라의 비밀과,
하나님 나라 사람들의 순종 보고서**

ⓒ 최재호 2024

초판 발행일 2024년 4월 17일

지은이 최재호
펴낸곳 아름다운동행
펴낸이 박에스더

캘리그래피 조은숙
디자인 박지영

주   소 서울시 서초구 서초중앙로 18(서초동)
         서초쌍용플래티넘 919호
전   화 02-523-1502~3
팩   스 02-523-1508

출판등록 제22-2987호(2006.10.2)
ISBN 979-11-89155-08-7 03230

하나님 나라의 비밀과,
하나님 나라 사람들의
순종 보고서

최
재
호
목
사
설
교
집

하나님
나라가
임하는

순종

아름다운동행

머리말

하나님의 나라는 이 세상에 오신 예수님이 공생애를 시작하
시고 복음을 선포하시면서 가장 중점적으로 다루신 주제이
며, 신약 성경을 관통하는 메시지이기도 합니다. 마태복음
에서는 예수님의 공생애 첫 메시지가 '회개하라 천국 곧 하
나님의 나라가 가까이 왔느니라.'였다고 증언합니다. 그리   5
고 온 갈릴리에 다니시며 천국 복음을 전파하셨고, 산 위에
서는 하나님 나라 백성이 소유해야 할 성품에 대해 말씀으
로 긴 가르침을 시작하십니다. 다른 복음서에서도 하나님의
나라는 예수님의 중심 메시지였음을 밝힙니다. 예수님은 이
세상에 하나님의 나라를 이루기 위해 오신 것입니다. 하나
님의 나라를 이루기 위해 제자들을 기르셨고 십자가를 지셨
으며 부활하셨습니다. 지상에 계시는 40일 동안, 제자들에
게 집중적으로 가르친 말씀 또한 하나님의 나라였습니다.
　하나님의 나라는 눈에 보이는 정치적인 나라가 아닙니다.
세상 나라는 인간 왕이 다스리는 나라입니다. 그러나 하나
님의 나라는 하나님이 왕이 되어 다스리는 나라입니다. 하

나님을 왕으로 받아들이고 하나님의 다스림을 받는 사람들의 심령과 삶, 공동체 가운데 임하는 나라입니다. 그래서 하나님의 나라는 세상 나라와 달리 눈에 보이는 나라가 아닙니다. 예수님은 "하나님의 나라는 볼 수 있게 임하는 것이 아니요 또 여기 있다 저기 있다고도 못하리니 하나님의 나라는 너희 안에 있다."(눅 17:20-21)고 하셨으며, "하나님의 나라는 먹는 것과 마시는 것이 아니요 오직 성령 안에 있는 의와 평강과 희락이라."(롬 14:17)고 하셨습니다.

예수님은 이 땅에 그 하나님의 나라를 이루기 위해 오신 것입니다. 예수님은 비유의 말씀을 통해 하나님의 나라가 어떻게 임하는지 그리고 그 나라는 어떤 나라인지를 말씀하셨습니다. 예수님이 말씀하신 비유를 중심으로 하나님의 나라가 어떻게 임하는지 나누기 원합니다. 하나님의 통치는 하나님의 말씀을 통해 임하고, 그 말씀에 순종하는 사람들의 심령과 삶에 임합니다.

사람들은 나라에 대한 관심이 많습니다. 자신이 속한 나라가 좋은 나라가 되고 강한 나라가 되기를 바랍니다. 실제로 거대한 제국을 이룬 나라들도 있었습니다. 그러나 사람이 세운 나라는 그 어떤 나라도 영원하지 않았습니다. 얼마 가지 않아 흔들리고 무너졌습니다. 힘과 공의로 다스린다고 하나 완전한 공의를 실현한 나라가 없기 때문입니다. 세상 나라를 다스리는 왕은 누구도 온전하지 않기 때문입니다. 그러나 하나님의 나라는 영원합니다. 하나님은 완전하시고 더욱

이 사랑과 진리로 다스리시기 때문입니다. 하나님의 나라는 작고 초라하게 시작되었지만 거대한 나라로 자랐습니다. 하나님의 나라가 임할 때 세상 나라들의 저항에 부딪히기도 했습니다. 세상 나라들의 배후에 흑암의 세력이 있기 때문입니다. 그래서 하나님 나라 백성들을 박해하고 괴롭혔습니다. 그러나 하나님의 나라는 무너지지 않았습니다. 핍박을 받을수록 오히려 산불처럼 번져나갔습니다. 하나님의 나라는 하나님이 다스리는 의의 나라요 평화의 나라요 기쁨의 나라이기 때문입니다. 하나님은 우리가 하나님의 통치를 받으며 하나님 나라 백성으로 살기를 바라십니다. 하나님 나라의 백성으로 살도록 여러분을 안내하고자 합니다. 말씀을 듣고 순종함으로 하나님의 나라를 누리며 살도록 성령께서 조명해 주시기를 소망합니다.

이 책을 내면서 먼저 주일마다 사모함으로 말씀을 경청해 준 성현교회 모든 성도님들께, 그리고 교정해주신 교역자들께, 또 책을 내기까지 헌신을 아끼지 않은 김진만 장로님께 감사드립니다. 또 늘 좋은 설교자가 되도록 기도하며 피드백을 아끼지 않은 고마운 아내에게 감사의 말을 전합니다.

2024년 벚꽃 피는 봄날
성현 하나님의 집에서
최재호

차례

1

하나님 나라

하나님 나라가 임하시오며

그러므로 너희는 이렇게 기도하라
하늘에 계신 우리 아버지여 이름이 거룩히 여김을
받으시오며 나라가 임하시오며 뜻이 하늘에서
이루어진 것 같이 땅에서도 이루어지이다

마태복음 6:9-10

14

종교가 있건 없건 모든 사람은 기도합니다. 문제 해결을 위해서도 기도하고 마음의 평안을 위해서도 기도합니다. 그러나 누구보다 기도를 많이 하셨던 분이 예수님이셨습니다. 제자들은 예수님이 기도하시는 모습을 보며 우리에게도 기도를 가르쳐 달라고 하였습니다. 그래서 예수님은 너희는 이렇게 기도하라 하시며 기도를 가르쳐 주십니다. 기도의 요령에 대해서도 가르쳐 주셨지만 무엇을 위해 기도할 것인지, 기도의 내용을 가르쳐 주셨습니다. 예수님이 가르쳐 주신 기도 내용은 크게 두 가지입니다. 먼저는 하나님을 위한 기도였고 다음으로는 우리 자신을 위한 기도였습니다.

우리는 먼저 하나님을 위해 기도해야 합니다. 그것은 하나님의 이름이 거룩히 여김을 받도록 기도하는 것이요, 하나님의 나라가 임하기를 위해 기도하는 것이요, 하나님의 뜻이 이루어지기를 위해 기도하는 것입니다. 중심 사상은 하나님의 나라입니다. 예수님은 이 땅에 하나님의 나라를 이루기 위해 오셨고 그래서 예수님의 첫 설교는 하나님의 나라였습니다.

> 예수께서 비로소 전파하여 이르시되 회개하라 천국이 가까이 왔느니라 하시더라(마 4:17)

'회개하라 천국 곧 하나님의 나라가 가까이 왔다.' 이것이 예수님이 전파하신 첫 설교였고, 예수님이 하나님의 나라를 이루기 위해 오셨다고 선언했습니다. 예수님은 하나님 나라의 왕으로 오셨고 이 땅에 하나님의 나라를 이루기 위해 오신 것입니다. 하나님의 나라를 경험하기 위해서는 회개해야 하는데, 회개란 내가 내 인생의 왕으로 살던 자리에서 돌이켜 예수님을 왕으로 모시고 사는 삶으로 주인을 바꾸는 것을 말합니다. 예수님은 산상 수훈에서 너희는 무엇을 먹을까 무엇을 마실까 무엇을 입을까 염려하지 말고 너희는 먼저 그의 나라와 그의 의를 구하라고 합니다. 그리하면 먹고 사는 문제는 하나님께서 채워 주신다고 하십니다. 우리도 예수님처럼 하나님의 나라를 위해 살 것을 말씀하신 것입니다.
　예수님은 공생애를 마치시고 이 세상을 떠나시기 전 제

자들에게 다시 한 번 하나님 나라에 대해 말씀하셨습니다.

> 그가 고난받으신 후에 또한 그들에게 확실한 많은 증거로
> 친히 살아 계심을 나타내사 사십 일 동안 그들에게 보이시
> 며 하나님 나라의 일을 말씀하시니라 (행 1:3)

예수님은 십자가에 죽으시고 부활하신 후 제자들에게 확실한 많은 증거로 당신의 육체적 부활을 증거하셨고 이어서 하나님 나라의 일을 말씀하셨습니다. 예수님이 하나님의 나라를 이루기 위해 오셨고 그 일을 시작하셨는데, 이제 제자들이 하나님의 나라를 위해 살아갈 것을 당부하신 것입니다. 그렇다면 하나님의 나라는 어떤 나라일까요?

1. 하나님이 다스리는 나라입니다.

하나님의 나라는 하나님이 다스리는 나라입니다. 그리고 하나님의 아들이신 예수님은 이 세상에 하나님의 나라를 이루기 위해 하나님 나라의 왕으로 오셨습니다. 그래서 이사야 선지자는 예수님의 탄생을 예언하며 이렇게 말했습니다.

> 한 아기가 우리에게 났고 한 아들을 우리에게 주신 바 되었
> 는데 그의 어깨에는 정사를 메었고 그의 이름은 기묘자라,
> 모사라, 전능하신 하나님이라, 영존하시는 아버지라, 평강

한 아기가 우리에게 났는데 그의 어깨에는 정사를 메었다고 합니다. 정사를 메었다는 말은 그가 통치자로 오셨다는 말입니다. 그리고 그의 이름은 기묘자요 모사라고 합니다. 예수님은 위대한 스승이요 놀라운 조언자란 뜻입니다. 그리고 예수님은 전능하신 하나님이요 영존하시는 아버지 즉 영원하신 아버지요 평강의 왕이라고 합니다. 예수님은 인간의 모습 그것도 아기의 모습으로 오셨지만 그분은 하나님의 나라를 이루기 위한 통치자요 놀라운 선생이며 전능하시고 영원하신 하나님이요 평강의 왕이라고 합니다.

그렇습니다. 예수님은 이 땅에 하나님의 나라를 이루기 위해 오신 하나님 나라의 왕이십니다. 그래서 누구든지 예수님을 왕으로 모시고 살면서 왕이신 그분의 다스림을 받으면 하나님의 나라를 경험하며 살게 됩니다. 심령 속에 하나님의 나라가 임하고 삶 속에 하나님의 나라가 임합니다. 사탄은 우리 인생을 도둑질하고 죽이고 멸망시키기 위해 왔지만 예수님은 우리에게 생명을 주시고 풍성한 삶을 살도록 하기 위해 오셨습니다. 내가 왕이 되어 살면 사실 사탄의 종이 되고 지옥과 같은 삶을 살게 되지만 예수님을 내 인생의 왕으로 모시고 살면 내 안에 하나님의 나라가 임하는 것입니다.

이스라엘 역사에서 내가 하나님이 되어 내 마음대로 살

던 시대가 사사시대였습니다. 그러나 사사시대는 하나님을 왕으로 모시고 살아야 하는 시대였습니다. 그러나 사사시대 사람들은 하나님의 왕 되심을 거부하고 자신이 왕이 되어 살았습니다. 그런 사사시대를 성경은 이렇게 말합니다.

> 그 때에 이스라엘에 왕이 없으므로 사람이 각기 자기의 소
> 견에 옳은 대로 행하였더라 (삿 21:25)

그때에 곧 사사시대에 이스라엘에 왕이 없었다고 합니다. 그것은 그들에게 인간 왕이 없었다는 말도 되지만 실상 하나님을 왕으로 인정하지 않았다는 말입니다. 그래서 각기 자기 소견에 옳은 대로 살았습니다. 그 결과 사사시대 사람들은 이스라엘 역사 속에서 하나님과 가장 멀어지는 삶을 살았습니다. 하나님을 떠나 죄 가운데 살면서 고통 속에 사는 시대였습니다. 사람은 하나님을 왕으로 모시고 살 때 가장 아름답고 매력적이며 인간다운 삶을 살 수 있습니다. 하나님께서 의도하신 풍성한 삶을 살 수 있습니다. 그러나 하나님의 왕 되심을 거부하고 인간이 왕이 되어 자기 소견대로 살면 죄 가운데 살게 되고 비인간적인 세상이 되게 됩니다. 공산주의 역사가 그것을 보여주고 있습니다. 공산주의는 인민이 주인이 된 나라입니다. 그러나 실상 인민이 종이 되어 사는 나라입니다. 공산주의는 실패했습니다. 인간이 주인이 되어 살면 인간은 실상 종이 되고 맙니다. 우리가 추구해

야 할 나라는 인간이 주인 된 나라가 아니라 하나님이 왕이 되어 다스리는 하나님의 나라입니다. 하나님은 이 땅에 하나님이 다스리는 하나님의 나라가 임하게 하려고 선지자들을 보내셨고 마지막엔 아들을 보내셨습니다. 그래서 예수님이 하나님 나라의 왕으로 이 세상에 오신 것입니다. 그리고 '회개하라 하나님의 나라가 가까웠다'고 선언하신 것입니다. 그래서 회개란 내가 왕이 되어 사는 자리에서 내려와 예수님을 왕으로 모시고 사는 것을 말합니다.

예수님이 아기의 몸으로 태어나셨을 때, 동방의 박사들은 별을 보고 유대 땅으로 찾아와 유대인의 왕으로 나신 이가 어디 계시냐고 물었습니다. 로마 총독 빌라도는 예수님을 심문하며 '네가 유대인의 왕이냐'고 물었고 예수님은 '네 말이 옳도다' 하시며 사실상 자신의 왕됨을 시인하셨습니다. 그러나 예수님은 이렇게 말씀하셨습니다.

> 내 나라는 이 세상에 속한 것이 아니니라 만일 내 나라가 이 세상에 속한 것이었더라면 내 종들이 싸워 나로 유대인들에게 넘겨지지 않게 하였으리라 이제 내 나라는 여기에 속한 것이 아니니라(요 18:36)

예수님은 유대인의 정치적인 왕이 되기 위해 오신 것이 아니라 이 땅에 하나님의 나라를 이루기 위해 하나님 나라의 왕으로 오셨습니다. 예수님이 만약 이 세상에 정치적인 왕으로 오셨다면 예수님의 종들이 예수님을 해하려는 자들과 싸워 예수님을 유대인들에게 넘기지 않게 하였을 것이라고 말씀하셨습니다. 예수님은 이 세상의 정치적인 왕으로 오시지 않고 하나님의 나라를 이루시기 위해 하나님 나라의 왕으로 오셨다는 것입니다. 그래서 누구든지 예수님을 왕으로 모시고 예수님의 다스림을 받으면 하나님 나라의 백성이 되고 하나님의 나라를 경험하게 됩니다. 예수님을 믿는다는 것은 예수님을 나의 구원자로 믿는 것이고 나아가 나의 왕으로 믿고 받아들이며 예수님의 다스림을 받고 사는 것을 말합니다. 그리하면 그 심령에 하나님의 나라가 임하고 가정과 일터, 삶의 자리에 하나님의 나라가 임하게 됩니다.

저는 여러분에게 묻고 싶습니다. 지금 여러분을 다스리는 왕은 누구입니까? 혹 내가 내 인생을 다스리는 왕이 되어 살고 있지는 않습니까? 내가 내 인생의 왕이 되어 내 소견에 옳은 대로 살게 되면 내 삶은 혼란스럽고 어둠과 공허가 지배하게 될 것입니다. 그러나 예수님을 왕으로 모시고 모든 상황 가운데서 예수님께 묻고 예수님의 말씀을 따라 살면 주님이 다스리는 하나님의 나라가 임하게 됩니다. 신앙생활은 영적 전쟁입니다. 우리의 대적 마귀는 우리를 속여 '네가 왕이 되어 네 소견에 옳은 대로 살'고 속삭입니다. 그러나 내가 왕이 되고 하나님이 되어 살면 인생이 불행해집니다. 하나님을 떠난 인생은 영적 소경이 되어 살기 때문입니다. 가장 치열한 전쟁은 내 안에서 일어나고 있는 영적 전쟁입니다. 사탄은 왕권을 놓고 예수님과 다투도록 우리를 유혹합니다. '네가 네 인생의 왕이 되어 살라'고 속삭입니다. 그러나 내가 왕이 되어 살면 지옥 백성의 삶을 살게 됩니다.

2. 하나님의 나라는 우리 안에 임합니다.

바리새인들이 예수님에게 물었습니다.

> 하나님의 나라가 어느 때에 임하나이까 묻거늘 예수께서 대답하여 이르시되 하나님의 나라는 볼 수 있게 임하는 것이 아니요 또 여기 있다 저기 있다고도 못하리니 하나님의 나라는 너희 안에 있느니라(눅 17:20–21)

하나님의 나라가 어느 때에 임하느냐고 물었던 것은 당신이 왕이라면 당신의 나라를 언제 시작하겠느냐는 물음이었습니다. 그들은 하나님의 나라를 눈에 보이는 정치적인 나라로 이해했던 것입니다. 그러나 예수님은 하나님의 나라는 볼 수 있게 임하는 것이 아니요 또 여기에 있다 저기에 있다고도 못하리니, 하나님의 나라는 '너희 안'에 있다고 말씀하셨습니다. 하나님의 나라가 '너희 안'에 있다는 말은 우리의 심령에 하나님의 나라가 임하고 나아가 우리의 공동체 안에 하나님의 나라가 임한다는 말입니다. 하나님의 나라는 하나님의 통치를 받는 우리의 심령에 임하고 하나님의 통치를 받으며 사는 자들의 모임 안에 임하는 것입니다.

예수님은 산상 수훈에서 8가지 복을 말씀하셨습니다. 이 8가지 복은 하나님의 백성이 반드시 지녀야 할 성품입니다. 그러니까 예수님이 말씀하신 복은 물질적이거나 환경적인 것이 아니라 우리의 성품이 예수님을 닮은 것입니다. 예수님의 성품을 닮은 사람들이 복 있는 사람들입니다. 그리고 이러한 성품은 예수님을 왕으로 모시고 예수님의 다스림을 받는 사람들에게 이루어집니다.

3. 하나님의 나라는 의와 평강과 희락의 나라입니다.

성경은 하나님의 나라에 대해 이렇게 말씀하십니다.

하나님의 나라는 먹는 것과 마시는 것이 아니요 오직 성령 안에 있는 의와 평강과 희락이라 (롬 14:17)

하나님의 나라는 먹고 마시는 물질적인 나라가 아니라 성령 안에서 의와 평강과 희락의 나라입니다. '의'란 하나님 보시기에 바르게 사는 것입니다. 우리는 하나님 보시기에 다 죄인입니다. 죄인인 우리가 하나님 앞에 옳다 인정을 받는 길은 예수님을 나의 구원자로 받아들이는 것입니다. 그리고 그분을 나의 왕으로 받아들이고 그분의 다스림에 순종하며 사는 것입니다. 그리할 때 하나님께 옳다 인정을 받게 됩니다.

하나님의 나라는 평화의 나라입니다. 이 세상에는 참된 평화가 없습니다. 우리의 마음에도 평화가 없습니다. 평화는 예수님을 왕으로 모시고 그분의 통치를 받으며 사는 사람에게 주어지는 선물입니다. 그리고 예수님 안에서 내적인 평화를 간직하며 사는 사람은 사람들 사이에서도 평화의 사람이 됩니다. 이웃의 허물을 사랑으로 덮고 이해하며 용납하게 됩니다. 성경은 하나님의 나라를 그림 언어로 말씀했습니다.

이리가 어린 양과 함께 살며 표범이 어린 염소와 함께 누우며 송아지와 어린 사자와 살진 짐승이 함께 있어 어린아이에게 끌리며 암소와 곰이 함께 먹으며 그것들의 새끼가 함께 엎드리며 사자가 소처럼 풀을 먹을 것이며 젖 먹는 아이가 독사의 구멍에서 장난하며 젖 뗀 어린아이가 독사의 굴에 손을 넣을 것이라 내 거룩한 산 모든 곳에서 해 됨도 없고 상함도 없을 것이니 이는 물이 바다를 덮음같이 여호와를 아는 지식이 세상에 충만할 것임이니라(사 11:6-9)

하나님의 나라는 이리가 어린 양과 함께 살고 표범이 어린 염소와 함께 눕고 송아지가 어린 사자와 함께 있고 살진 짐승이 어린아이에게 이끌리며 암소와 곰이 함께 먹고 사자가 소처럼 풀을 먹고 젖 먹는 아이가 독사의 구멍에서 장난하고 젖 뗀 어린아이가 독사의 굴에 손을 넣고 노는 평화의 나라입니다. 이런 평화는 하나님의 통치 안에서만 일어날 수 있습니다. 하나님의 나라는 의의 나라요 평화의 나라이기에 기쁨의 나라가 됩니다. 그래서 성경은 하나님의 나라를 이렇게 소개합니다.

> 모든 눈물을 그 눈에서 닦아 주시니 다시는 사망이 없고 애통하는 것이나 곡하는 것이나 아픈 것이 다시 있지 아니하리니 처음 것들이 다 지나갔음이러라 (계 21:4)

하나님의 나라는 더 이상 눈물이 없습니다. 하나님께서 우리의 눈에서 눈물을 닦아 주시기 때문입니다. 다시는 사망이 없고 애통하는 것이 없고 곡하는 것이나 아픈 것이 없다고 합니다. 이 세상의 모든 부조리와 고통과 상처가 사라진 하나님의 나라는 완전한 나라요 기쁨의 나라입니다. 그래서 예수님의 통치를 받으며 하나님의 나라를 누리며 사는 사람은 이렇게 찬송합니다.

> 내 영혼이 은총 입어 중한 죄 짐 벗고 보니 슬픔 많은 이 세상도 천국으로 화하도다 할렐루야 찬양하세 내 모든 죄 사함 받고 주 예수와 동행하니 그 어디나 하늘나라 높은 산이 거친 들이 초막이나 궁궐이나 내 주 예수 모신 곳이 그 어디나 하늘나라 할렐루야 찬양하세 내 모든 죄 사함 받고 주

예수와 동행하니 그 어디나 하늘나라(찬송가 438장)

　　예수 안에 거하며 주님의 통치를 받고 사는 사람은 슬픔 많은 세상에서도 하나님이 주시는 위로를 경험하는 천국의 삶을 살 수 있습니다. 예수님과 동행하면 어디서나 그리고 어떤 상황 속에서도 하나님의 나라를 경험합니다. 높은 산이나 거친들에서도 예수님을 왕으로 모시고 살면 하나님의 나라를 경험하게 됩니다. 우리에게 하나님의 나라를 주시기 위해 오신 예수님을 구원자로 왕으로 모시고 살기 바랍니다. 그리하면 심령 속에 하나님의 나라가 임하고 광야 같은 세상에서도 하나님의 나라를 누리며 살게 될 것입니다.

하나님 나라와 마음 밭

그 날 예수께서 집에서 나가사 바닷가에 앉으시매
큰 무리가 그에게로 모여 들거늘
예수께서 배에 올라가 앉으시고 온 무리는
해변에 서 있더니 예수께서 비유로 여러 가지를
그들에게 말씀하여 이르시되 씨를 뿌리는 자가
뿌리러 나가서 뿌릴새 더러는 길 가에 떨어지매
새들이 와서 먹어버렸고 더러는 흙이 얕은 돌밭에
떨어지매 흙이 깊지 아니하므로 곧 싹이 나오나
해가 돋은 후에 타서 뿌리가 없으므로 말랐고
더러는 가시떨기 위에 떨어지매 가시가 자라서
기운을 막았고 더러는 좋은 땅에 떨어지매
어떤 것은 백 배, 어떤 것은 육십 배, 어떤 것은 삼십 배의
결실을 하였느니라 귀 있는 자는 들으라 하시니라

마태복음 13:1-9

마태복음 13장에는 천국을 설명하는 일곱 가지 비유가 소개되고 있습니다. 그중 첫 번째 비유가 씨 뿌리는 비유입니다. 씨 뿌리는 비유는 하나님의 나라가 우리에게 어떻게 임하는지를 알게 합니다. 여기서 말하는 천국은 우리의 심령과 공동체 안에 임하는 하나님의 나라입니다.

여기 있다 저기 있다고도 못하리니 하나님의 나라는 너희 안에 있느니라(눅 17:21)

하나님의 나라는 어떤 장소에 임하는 나라가 아니라 주님의 통치를 받는 심령 속에 임하고 주님의 통치를 받는 사람들의 공동체 안에 임하는 나라입니다. 그리고 하나님의 나라는 하나님의 통치를 받아들이는 사람의 심령과 삶에 임합니다. 하나님의 통치는 하나님의 말씀을 통해 임합니다. 그래서 하나님의 나라를 경험하기 위해서는 말씀을 들어야합니다. 씨 뿌리는 비유에 등장하는 네 가지 밭은 하나님의 말씀을 받아들이는 사람들의 마음 상태를 말합니다. 그런데 네 종류의 밭이지만 크게 보면 열매를 맺는 밭과 열매를 맺지 못한 밭으로 구분됩니다. 길밭, 돌밭, 가시떨기밭은 열매를 맺지 못했고 좋은 밭은 100배, 60배, 30배의 결실을 맺었습니다.

여기서 씨는 하나님의 말씀이고, 밭은 하나님의 말씀을 받아들이는 사람들의 마음 상태입니다. 하나님의 말씀을 마음으로 받아야 합니다. 그러나 어떤 마음으로 받아들이느냐에 따라 하나님의 나라를 경험하기도 하고 하나님의 나라를 경험하지 못할 수도 있습니다. 그래서 우리는 하나님의 말씀을 잘 듣고 깨달아 하나님의 나라가 우리의 마음과 삶에, 공동체 안에 임하도록 기도해야 합니다.

예수님이 말씀하셨습니다.

귀 있는 자는 들으라 하시니라(마 13:9)

하나님의 나라를 경험하기 위해서는 먼저 하나님의 말씀을 들어야 합니다. 하나님의 통치가 말씀을 통해 임하기 때문입니다. 여기 '귀 있는 자'란 하나님의 말씀을 들을 수 있는 영적인 귀를 말합니다. 하나님의 말씀을 듣고 싶어 하고 사모함으로 듣는 자를 말합니다. 하나님의 말씀은 귀로 듣지 않고 마음으로 들어야 하며 믿음으로 들어야 합니다.

예수님은 비유를 말씀하시며 이사야 선지자의 예언을 인용하셨습니다.

이사야의 예언이 그들에게 이루어졌으니 일렀으되 너희가 듣기는 들어도 깨닫지 못할 것이요 보기는 보아도 알지 못하리라 이 백성들의 마음이 완악하여져서 그 귀는 듣기에 둔하고 눈은 감았으니 이는 눈으로 보고 귀로 듣고 마음으로 깨달아 돌이켜 내게 고침을 받을까 두려워함이라

하였느니라 그러나 너희 눈은 봄으로 너희 귀는 들음으로 복이 있도다(마 13:14-16)

이사야 선지자는 '너희가 듣기는 들어도 깨닫지 못하고 보기는 보아도 알지 못하리라'고 하셨는데 그 이유는 그들의 마음이 완악하여졌기 때문이라고 합니다. 마음으로 말씀 듣기를 갈망하지 않으면 말씀을 들을 수 없다는 것입니다. 그러나 '너희 눈은 봄으로 너희 귀는 들음으로 복이 있다'고 합니다. 우리는 하나님의 말씀을 믿음으로 듣고 사모함으로 듣는 마음을 가져야 합니다. 예수님이 말씀하신 네 종류의 마음밭이 이와 같습니다.

1) 길밭

뿌릴새 더러는 길가에 떨어지매 새들이 와서 먹어버렸고 (마 13:4)

길가에 떨어지매 새들이 와서 먹어버렸다고 합니다. 길가란 밭과 밭 사이에 나 있는 작은 통행로입니다. 사람들이 밟고 다녀서 단단히 굳어져 있습니다. 표면이 단단히 굳어 있어서 씨를 품지 못합니다. 그런데 이 길처럼 마음이 굳어서 말씀이 뿌리를 내리지 못한 사람들이 있습니다. 마음이 길처럼 굳어 있는 사람은 시험이나 상처, 짓밟힘, 실망감, 죄로

인해 마음이 굳어 있는 것을 말합니다. 이 길에 대해 예수님
께서 해석하셨습니다.

아무나 천국 말씀을 듣고 깨닫지 못할 때는 악한 자가 와서
그 마음에 뿌려진 것을 빼앗나니 이는 곧 길가에 뿌려진 자
요(마 13:19)

길밭 마음을 가진 사람은 말씀을 들어도 깨닫지 못하기에
악한 자가 와서 그 마음에 뿌려진 말씀을 빼앗아 버린다고
합니다. 말씀을 들어도 깨닫지 못하면 마귀가 와서 말씀을
빼앗아 갑니다. 누가복음에서는 좀 더 구체적으로 예수님의
해석을 기록했습니다.

길가에 있다는 것은 말씀을 들은 자니 이에 마귀가 가서 그
들이 믿어 구원을 얻지 못하게 하려고 말씀을 그 마음에서
빼앗는 것이요(눅 8:12)

길가처럼 굳은 마음을 갖고 있으면 말씀을 듣지만 구원
을 얻지 못하게 하려고 마귀가 말씀을 빼앗는다고 합니다.
마귀는 구원받지 못하게 하려고 말씀을 빼앗는 일을 합니
다. 그래서 우리는 말씀을 빼앗기지 않도록 잘 들을 수 있
기 위해 기도해야 합니다. 성경을 읽고 말씀을 들을 때 기도
해야 합니다. 마음이 열리지 않아 마귀에게 말씀을 빼앗기

지 않기 위해 기도해야 합니다. 스데반의 설교를 듣던 유대인들은 말씀을 받아들이지 않고 돌을 들어 설교자를 쳤습니다. 그들의 마음이 길처럼 굳어 있었기 때문입니다. 말씀이 들리지 않으면 내 마음이 길밭 상태임을 알고 하나님께 은혜를 구해야 합니다. 말씀이 들리고 깨달아지며 말씀 앞에 반응하고 있다면 그것은 놀라운 하나님의 은혜입니다.

하지만 길밭 마음을 가진 사람이라고 해서 평생을 이렇게 살아야 하는 것은 아닙니다. 마음의 토양은 얼마든지 바뀔 수 있습니다. 길처럼 단단히 굳어버린 땅을 농부가 쟁기로 갈아 엎고 씨를 뿌리면 씨가 뿌리를 내리고 열매를 거두게 됩니다. 그래서 우리 마음이 굳어 있다면 내 마음에 부드러운 마음을 달라고 기도해야 합니다. 하나님은 때로는 고난을 주어 우리의 마음밭을 기경하는 경우가 있습니다. 그래서 고난을 당하기 전엔 들리지 않던 말씀이 고난을 통해 마음이 부드러워지면 들리고 깨달아집니다. 그래서 시편 저자는 '고난 당하기 전에는 내가 그릇 행하였더니 이제는 주의 말씀을 지킨다'고 고백합니다.

2) 돌밭

더러는 흙이 얕은 돌밭에 떨어지매 흙이 깊지 아니하므로 곧 싹이 나오나 해가 돋은 후에 타서 뿌리가 없으므로 말랐고 (마 13:5-6)

더러는 씨가 흙이 얕은 돌밭에 떨어졌는데, 돌밭은 흙이 깊지 않아 싹이 나오나 뿌리를 깊게 내리지 못해 해가 돋은 후에 곧 타서 말라버렸습니다. 이 돌밭의 해석은 이러합니다.

돌밭에 뿌려졌다는 것은 말씀을 듣고 즉시 기쁨으로 받되 그 속에 뿌리가 없어 잠시 견디다가 말씀으로 말미암아 환난이나 박해가 일어날 때에는 곧 넘어지는 자요(마 13:20-23)

돌밭의 마음을 가진 사람은 말씀을 듣고 즉시 기쁨으로 받지만 말씀이 깊게 뿌리를 내리지 못하기 때문에 말씀 때문에 환난이나 박해를 당하면 넘어진다고 합니다. 리처드 포스트는 '영적 훈련과 성장'이란 책에서 '이 시대의 가장 안타까운 저주는 실용주의'라고 말합니다. 현대인들은 진리보다 실용주의 곧 삶의 유익을 얻으려고 신앙생활을 하다 보니 말씀이 뿌리를 내리지 못한다는 것입니다. 길밭의 마음은 말씀을 받아들이지 않지만 돌밭의 마음은 말씀을 받아들이나 마음에 돌이 있어 말씀이 뿌리를 내리지 못하는 것입니다. 마음에 있는 돌은 자기 견해, 자기 기준, 자신만의 세계관입니다. 이런 사람은 자기 기준을 가지고 말씀을 판단하기 때문에 말씀이 뿌리를 내리지 못합니다. 그래서 말씀이 뿌리를 내리려면 말씀을 받아들이지 못하게 하는 마음의 돌을 캐내어야 합니다. 그리고 내 마음에서 돌을 캐내기 위해서는 성령의 도움을 받아야 합니다.

> 또 새 영을 너희 속에 두고 새 마음을 너희에게 주되 너희
> 육신에서 굳은 마음을 제거하고 부드러운 마음을 줄 것이
> 며 또 내 영을 너희 속에 두어 너희로 내 율례를 행하게 하
> 리니 너희가 내 규례를 지켜 행할지라 (겔 36:26-27)

새 영과 새 마음을 우리에게 주되 우리 육신에서 굳은 마
음을 제거하고 부드러운 마음을 줄 것이며 하나님의 영을
우리 속에 두어 우리로 그 율례를 행하게 하리니 우리가 그
규례를 지켜 행할 것이라고 말씀하십니다. 성령께서 하시는
일은 돌과 같이 굳은 마음을 부수고 우리에게 부드러운 마
음을 주시어 말씀을 받아들이게 하고 행하게 하는 일을 합
니다. 그래서 우리는 말씀을 받기 위해 성령의 도움을 구해
야 합니다. 예수님이 오병이어의 기적을 행하자 많은 사람
들이 예수님에게 모여들었습니다. 이때 예수님께서 그들에
게 '내가 생명의 떡이며 내 살을 먹지 아니하면 너희에게 영
생이 없다.'고 말씀하십니다. 이때 사람들은 '어떻게 자기 살
을 주어 먹게 한단 말이냐. 말이 너무 어렵다.'고 하며 돌아
가 버렸습니다. 돌아가는 사람들을 보며 예수님은 제자들에
게 묻습니다. '너희도 가려느냐?' 이때 베드로가 대답합니다.

주여 영생의 말씀이 주께 있사오니 우리가 누구에게로 가

오리이까(요 6:68)

자기 기준이란 돌을 갖고 있는 사람은 다 예수님을 떠났습니다. 그러나 마음이 순수하여 예수님을 받아들인 사람은 예수님을 생명의 떡으로 받아들였습니다.

3) 가시떨기밭

더러는 가시떨기 위에 떨어지매 가시가 자라서 기운을 막았고(마 13:7)

가시덤불이 자라는 땅은 사실 좋은 양분을 지닌 땅입니다. 그래서 씨가 떨어져 뿌리를 내리고 싹이 나오자 가시가 기운을 막았습니다. 가시덤불이 양분도 빼앗고 햇빛도 가렸습니다. 이 말씀의 해석은 이렇습니다.

가시떨기에 뿌려졌다는 것은 말씀을 들으나 세상의 염려와 재물의 유혹에 말씀이 막혀 결실하지 못하는 자요(마 13:22)

가시떨기는 세상의 염려와 재물의 유혹이 말씀을 자라지 못하게 막는 것이라고 합니다. 우리에게 있는 염려와 재물의 유혹이 말씀을 자라지 못하게 막는 가시덤불 역할을 한다고 합니다. 재물의 유혹이 말씀이 자라지 못하게 막습니다. 그래서 예수님은 이렇게 말씀하십니다.

> 한 사람이 두 주인을 섬기지 못할 것이니 혹 이를 미워하고 저를 사랑하거나 혹 이를 중히 여기고 저를 경히 여김이라 너희가 하나님과 재물을 겸하여 섬기지 못하느니라(마 6:24)

한 사람이 두 주인을 섬기지 못한다고 합니다. 두 주인이란 하나님과 재물입니다. 하나님을 섬기는 사람은 재물을 섬길 수 없고 재물을 사랑하고 섬기는 사람은 하나님을 사랑하고 섬길 수 없습니다.

36

4) 좋은 밭

> 더러는 좋은 땅에 떨어지매 어떤 것은 백 배, 어떤 것은 육십 배, 어떤 것은 삼십 배의 결실을 하였느니라(마 13:8)

좋은 땅에 떨어진 씨는 백 배, 육십 배, 삼십 배의 결실을 하였습니다. 해석은 이렇습니다.

> 좋은 땅에 뿌려졌다는 것은 말씀을 듣고 깨닫는 자니 결실하여 어떤 것은 백 배, 어떤 것은 육십 배, 어떤 것은 삼십 배가 되느니라 하시더라(마 13:23)

좋은 땅은 말씀을 잘 듣고 깨달아 결실하는 자로서 100배 60배 30배의 결실을 맺는다고 합니다. 누가복음에서는 이렇게 기록했습니다.

좋은 땅에 있다는 것은 착하고 좋은 마음으로 말씀을 듣고 지키어 인내로 결실하는 자니라(눅 8:15)

좋은 땅은 착하고 좋은 마음으로 말씀을 듣고 지키어 인내로 결실하는 자라고 합니다. 착하고 좋은 마음이란 하나님의 말씀을 믿음으로 받아들이고 순종하는 마음입니다. 이런 마음을 가진 사람은 인내 가운데 말씀을 지키어 순종의 삶을 삽니다. 이런 사람에게 하나님의 나라가 임하고 구원의 영광이 임하는 것입니다. 밭에 뿌려진 씨가 동일하듯 모든 사람이 동일한 하나님의 말씀을 듣습니다. 그러나 그 말씀을 받아들이는 마음 상태에 따라 말씀이 결실을 맺기도 하고 결실을 맺지 못하기도 합니다.

성경에 보면 말씀을 잘 듣고 결실하는 사람들이 있습니다. 베뢰아 사람들입니다. 그들은 말씀을 들을 때 사람의 말로 받지 않고 하나님의 말씀으로 받았으며 간절한 마음으로 받았고 이 말씀이 과연 그러한가 하여 날마다 성경을 상고했습니다.(행 17:11) 그 결과 많은 사람들이 믿음을 갖게 되었고 헬라의 귀부인들과 남자들도 믿음을 갖게 되었습니다. 말씀을 간절한 마음으로 받았고 그 말씀을 묵상했기 때문입니다. 우리의 믿음은 들음에서 납니다. 말씀을 들을 때 믿음으로 듣고 순종해야 합니다.

우리의 마음은 얼마든지 기경이 가능하고 좋은 밭이 될수 있습니다. 그래서 호세아 선지자가 선포한 대로 우리는 묵은 땅을 기경해야 합니다. 좋은 마음밭을 갖기 위해 기도하며 성령의 도움을 구해야 합니다. 하나님이 고난을 주실때 나를 돌아보고 마음을 겸손하게 하며 마음밭을 기경하는기회로 삼아야 합니다. 그래서 착하고 좋은 마음으로 말씀을 받고 깨달아 인내로 지키어 결실해야 합니다. 그리할 때하나님의 나라가 우리의 심령과 삶, 공동체 안에 임하게 됩니다.

하나님 나라와 가라지

예수께서 그들 앞에 또 비유를 들어 이르시되 천국은 좋은
씨를 제 밭에 뿌린 사람과 같으니 사람들이 잘 때에
그 원수가 와서 곡식 가운데 가라지를 덧뿌리고 갔더니
싹이 나고 결실할 때에 가라지도 보이거늘
집 주인의 종들이 와서 말하되 주여 밭에 좋은 씨를
뿌리지 아니하였나이까 그런데 가라지가 어디서
생겼나이까 주인이 이르되 원수가 이렇게 하였구나
종들이 말하되 그러면 우리가 가서 이것을 뽑기를
원하시나이까 주인이 이르되 가만 두라 가라지를
뽑다가 곡식까지 뽑을까 염려하노라 둘 다 추수 때까지
함께 자라게 두라 추수 때에 내가 추수꾼들에게 말하기를
가라지는 먼저 거두어 불사르게 단으로 묶고
곡식은 모아 내 곳간에 넣으라 하리라

마태복음 13:24-30

40 ▬

예수님이 말씀하신 천국은 죽어서 비로소 가는 나라가 아니라 예수님을 믿음으로 이 땅에 이미 임하는 나라입니다. 그리고 하나님의 나라는 하나님의 통치 곧 하나님의 말씀을 받아들임으로 임하는 나라입니다. 중요한 것은 하나님의 말씀을 받아들이는 내 마음입니다. 길밭처럼 굳어진 마음이나 돌밭처럼 '자기 기준'이라는 돌을 갖고 있는 사람, 가시떨기 밭처럼 세상의 염려와 재물의 유혹에 사로잡혀 있는 사람은 말씀을 들어도 열매를 맺지 못합니다. 하나님의 나라를 경험할 수 없다는 말입니다.

하나님의 나라는 좋은 밭 곧 착하고 좋은 마음으로 말씀을 받고 그 말씀을 깨달아 인내로 지키는 사람이며 그런 사람에게 하나님의 나라가 임합니다. 그런데 우리가 하나님의 나라를 경험하는 데 방해 세력이 있다고 합니다.

> 예수께서 그들 앞에 또 비유를 들어 이르시되 천국은 좋은 씨를 제 밭에 뿌린 사람과 같으니 사람들이 잘 때에 그 원수가 와서 곡식 가운데 가라지를 덧뿌리고 갔더니 싹이 나고 결실할 때에 가라지도 보이거늘(마 13:24-26)

천국은 좋은 씨를 제 밭에 뿌린 사람과 같은데 사람들이 잘 때에 원수가 와서 곡식밭에 가라지를 덧뿌리고 갔다고 합니다. 처음엔 몰랐는데 싹이 나고 결실할 때가 되니 가라지도 보이기 시작한 것입니다. 이때 종들이 와서 말합니다.

'주인님 좋은 씨를 뿌리지 아니하였나이까? 그런데 밭에 가라지가 있나이다.' 이때 주인이 말합니다. '원수가 이렇게 하였구나!' 종들이 말합니다. '그럼 우리가 가서 가라지를 뽑아버릴까요?' 이때 주인은 말합니다. '가만히 두어라. 가라지를 뽑다가 곡식까지 뽑을까 염려가 되는구나. 추수 때까지 함께 두어라. 추수 때가 되면 내가 추수꾼들에게 말하여 가라지는 먼저 거두어 불사르게 하고 곡식은 모아 내 곳간에 넣으리라.'

이 말씀에 대한 해석은 이렇습니다.

> 좋은 씨를 뿌리는 이는 인자요 밭은 세상이요 좋은 씨는 천국의 아들들이요 가라지는 악한 자의 아들들이요 가라지를 뿌린 원수는 마귀요 추수 때는 세상 끝이요 추수꾼은 천사들이니 그런즉 가라지를 거두어 불에 사르는 것 같이 세상 끝에도 그러하리라 (마 13:37-40)

좋은 씨를 뿌리는 이는 인자 곧 예수님이요, 밭은 세상이요, 좋은 씨는 천국의 아들들이요, 가라지는 악한 자의 아들들이요, 가라지를 뿌린 원수는 마귀요, 추수 때는 세상 끝이요, 추수꾼은 천사들이니 가라지를 거두어 불에 사르는 것 같이 세상 끝에도 그리할 것이라고 합니다. 예수님은 이 세상에 오셔서 복음의 씨를 뿌려 천국의 아들들을 일으키셨습니다. 예수님에게 있어서 이 세상은 복음의 씨를 뿌리는 사역지였습니다. 그래서 예수님은 당시 유대 종교 지도자들처럼 세상과 거리를 두고 살지 않고 세상에서 거절당하고 버림받은 사람들을 찾아가셔서 그들을 섬기시며 그들에게 천국 복음을 전하여 천국 백성을 삼으셨습니다. 그리고 이러한 예수님의 사역은 아버지의 뜻을 이루는 순종이었고 세상에 대한 사랑이었습니다.

예수님은 당시 종교 지도자들이 상종도 하지 않았던 세리들을 만나고 죄인들을 초대하여 함께 식사하며 그들에게 천국 복음을 전파했습니다. 이런 예수님의 모습을 보고 바리새인들이 예수님의 제자들에게 예수님을 비난합니다. '야, 너희 선생이란 자는 어찌하여 세리들 죄인들과 함께 어울려 다니며 음식을 먹느냐?' 그 말을 전해 들은 예수님이 말씀합니다. '건강한 사람에게는 의원이 쓸데없고 병든 사람에게 의원이 필요하듯 내가 온 것은 의인을 부르러 온 것이 아니라 죄인을 부르러 왔노라.' 예수님은 죄인들을 찾아가 그들의 친구가 되어 주었고 그들의 이야기를 들어 주었고 그들에게 천국 복음을 전함으로 죄인이 의인 되게 하셨고 마귀의 자녀를 하나님의 자녀가 되게 하셨습니다.

예수님은 세상에서 사람 취급받지 못했던 자들을 섬기며 그들에게 복음을 전해 하나님의 자녀가 되게 하셨습니다. 우리도 예수님처럼 사랑으로 사람들을 섬기며 그들에게 천국 복음을 전하여 천국의 아들들이 되게 해야 합니다. 저는 여러분이 세상 사람들과 거리를 두고 사는 자들이 아니라 적극적으로 사귐을 갖고 그들을 섬기며 그들에게 복음을 전하는 하나님의 사람들이 되기를 바랍니다. 부활하신 예수님이 제자들에게 말씀했습니다.

> 예수께서 또 이르시되 너희에게 평강이 있을지어다 아버지께서 나를 보내신 것 같이 나도 너희를 보내노라(요 20:21)

부활하신 예수님은 제자들에게 평강을 빌며 당부합니다. '아버지께서 나를 세상에 보내신 것 같이 나도 너희를 세상으로 보내노라.' 아버지가 나를 세상에 보내신 것처럼 우리 주님도 우리를 세상에 보낸다고 하십니다. 우리는 세상에서 부름 받았지만 다시 세상으로 보냄을 받은 자들입니다. 그래서 우리는 교회에 와서 은혜받고 다시 세상으로 나아가야 합니다. 우리는 교회에 모여 예배하고 다시 세상으로 돌아가 세상 사람들을 섬기면서 그들에게 복음을 전해야 합니다. 이것이 구원받은 성도들의 삶이고 사명입니다.

그런데 하나님의 나라에 문제가 생겼습니다. 사람들이 잠을 자고 있을 때 원수가 나타나 곡식밭에 가라지를 덧뿌리고 간 것입니다.

> 사람들이 잘 때에 그 원수가 와서 곡식 가운데 가라지를 덧뿌리고 갔더니(마 13:25)

사람들이 잘 때 원수가 와서 가리지를 뿌리고 갔다고 합니다. 실제로 유대 사회에서는 이런 일들이 있었다고 합니다. 누군가가 남의 곡식밭에 가라지를 뿌려 해코지를 한 것입니다. 이처럼 원수 마귀도 하나님의 나라 안에 가라지를 뿌립니다. 특히 교회가 영적으로 잠을 자고 있을 때 원수는 교회 안에서 활개를 치고 돌아다니며 가라지를 뿌립니다. 그리고 개인적으로 영적인 잠을 자고 있으면 마귀가 그 사람 안에 들어가 가라지를 심습니다. 그래서 가라지 신자가 태어나게 만듭니다.

베드로는 예수님을 향해 '주는 그리스도시오 살아계신 하나님의 아들'이라고 고백했습니다. 이때 예수님은 베드로를 칭찬하며 '이것을 네게 알게 하신 이는 혈육이 아니요 하늘에 계신 내 아버지께서 알게 하셨다.'며 매우 만족해하셨습니다. 그런데 잠시 후 예수님은 그 베드로를 향해 '사탄아, 물러가라. 너는 나를 넘어지게 하는 자'라고 책망하셨습니다. 베드로가 사탄이 된 게 아니라 사탄이 베드로 안에 들어가 그 마음에 가라지를 심은 것입니다. 그래서 예수님이 십자가를 지지 못하도록 인간의 동정심을 가지고 예수님의 마음을 흔들었던 것입니다. 그렇습니다. 알곡 신자도 영적인 잠을 자고 있으면 사탄이 틈을 타서 그 마음에 가라지를 심습니다. 그래서 영적인 잠을 자지 않도록 늘 깨어 있어야 합니다.

지금 여러분 가운데 영적인 잠을 자고 있는 분이 있다면 정신을 차리고 깨어야 합니다. 하나님과의 교제가 단절되어 있거나 하나님의 말씀이 마음에 들리지 않아 하나님과 멀어지고 있다면, 하나님의 임재 안에 살지 않고 내가 주인이 되어 살고 있다면 정신을 차려야 합니다. 육신의 정욕, 안목의 정욕, 이생의 자랑에 빠져 있고 죄 가운데 빠져 있다면 이런 사람은 영적인 잠을 자고 있는 사람이요 이런 사람에게 마귀가 가라지를 뿌립니다.

지상에 시작된 하나님의 나라 안에는 알곡과 가라지가 공존합니다. 교회 안에도 천국의 아들들이 있는가 하면 악한 자의 아들도 있을 수 있습니다. 이것이 지상에 임한 하나님 나라의 현실입니다. 인정하고 싶지 않지만 부정할 수 없는 교회의 현실입니다. 그리고 내가 알곡이어도 영적인 잠을 자고 있을 때 원수가 내 안에 가라지를 심습니다. 그래서 우리는 영적으로 늘 깨어 있어야 합니다. 종들은 가라지를 보고 '우리가 가서 가라지를 뽑아버릴까요?'라고 주인에게 묻자 주인은 그대로 두라고 합니다. 가라지를 뽑다가 곡식까지 뽑을까 염려가 된다는 것입니다. 가라지의 뿌리가 곡식의 뿌리와 얽혀 있어서 가라지를 뽑다가 곡식도 상할 수 있기 때문에 곡식을 위해 가라지를 두라고 합니다.

우리는 여기서 하나님의 마음을 알 수 있습니다. 하나님은 가라지를 뽑다가 행여 알곡 하나라도 상하게 될까봐 염려하십니다. 교회 안에서 권징이 필요합니다. 누가 봐도 명백한 범죄 사실이 드러났다면 교회는 권징해야 합니다. 그러나 조심스럽게 해야 합니다. 잘못 권징을 하다 보면 알곡이 다칠 수 있기 때문입니다. 그래서 예수님은 문제가 있을 때 일대일로 권면하고 증인을 동참하여 권면하고 나중에는 교회로 권면하게 하고 그래도 말을 듣지 않을 때 징계하라고 말씀하십니다.

1946년 미국 위스콘신주 연방 상원의원으로 당선된 조셉 매카시(Joseph McCarthy, 1909~1957) 의원이 1950년 공화당 당원대회에서 미국의 의회 행정부 사법부 안에 공산주의자들이 활동하고 있다는 폭탄선언을 했습니다. 그 당시는 한국전쟁이 발발했을 때인지라 공산주의에 대한 극도의 경계심을 가지고 있었기에 그가 쏟아낸 발언은 미국 사회를 발칵 뒤집어 놓았습니다. 상원의원에서 조사 위원회가 구성되고 무려 4년 동안 수천명의 사람들이 불려가 조사를 받았습니다. 그러나 공산주의자로 판명되거나 간첩으로 지목된 사람은 고작 10명도 되지 않았습니다. 그리고 이 조사 과정에서 공산주의자로 의심받은 러시아계 사람들과 중국계 인재들이 미국을 떠나면서 미국의 인문학과 과학이 후퇴하는 결과를 가져오게 되었다고 합니다. 그래서 그의 이름을 따서 '맥카시즘'(McCarthyism)이란 용어가 만들어졌는데, 근거 없이 반대편을 매도하고 억압하는 행위라는 뜻입니다.

이 일이 있고 나서 프랑스 철학자 장 폴 사르트르(Jean-Paul Charles Aymard Sartre)는 '알곡과 가라지는 사람이 가릴 수 없다. 사람은 누구도 심판자가 될 수 없기 때문이다.'라고 말했습니다. 우리는 누가 알곡인지 누가 가라지인지 정확히 가릴 능력이 없습니다. 그래서 섣불리 가라지를 뽑겠다는 행동을 조심해야 합니다. 그것은 우리의 영역이 아니고 주님께서 하실 일이기 때문입니다.

주인이 가라지를 뽑지 말고 두라고 한 또 하나의 이유가 있습니다. 그것은 지금은 심판의 때가 아니고 은혜의 때이기 때문입니다. 성경은 지금은 은혜의 때요 구원의 날이라고 합니다. 이 은혜의 때 구원의 날에는 가라지도 알곡이 될 수 있는 가능성이 있기 때문입니다. 사실 우리 자신도 원래부터 알곡은 아니었습니다. 우리도 하나님 앞에서 가라지와 같은 삶을 살던 자들이었습니다. 그런데 하나님의 은혜로 가라지가 변하여 알곡이 된 것입니다. 영적으로 죽었던 내가 살아났고 죄인이었던 내가 의인이 되었으며 죄의 종이었던 내가 의의 종이 되었고 마귀의 자식이었던 내가 하나님의 자녀가 되었습니다. 하나님의 은혜로 된 일입니다. 이런 일이 은혜의 때에 일어납니다. 그래서 우리는 성급하게 가라지를 뽑으려 해서는 안 됩니다.

우리가 조심해야 할 것이 또 있습니다. 하나님 나라에 대한 이상적인 기대가 너무 커서 작은 허물도 용납하지 못하고 판단하고 정죄하는 행위를 조심해야 합니다. 이 말은 하나님 나라 공동체에 대한 꿈을 포기하라는 말이 아닙니다. 지상 교회가 가지고 있는 한계를 인정하고 하나님의 일하심을 기다릴 줄도 알아야 한다는 말입니다. 지상에 시작된 하나님의 나라 안에는 알곡도 있지만 가라지도 공존하고 있기 때문입니다. 그래서 성 어거스틴도 성급히 가라지를 뽑지 말라고 했습니다. 가라지도 하나님의 은혜로 얼마든지 알곡이 될 수 있기 때문입니다. 그것은 어거스틴 자신이 20년 동안 가라지의 삶을 살다가 하나님의 은혜로 하나님께 돌아와 성자가 되었던 자신의 삶을 두고 한 말일 수도 있습니다.

'저런 사람도 변화될 수 있을까?' 싶지만 하나님의 은혜가 함께하면 얼마든지 가능합니다. 이방인이었고 술도 팔고 몸도 팔던 기생 라합이 하나님의 은혜로 믿음의 조상이 되었고 심지어 예수님의 조상까지 되었던 일을 우리는 성경에서 봅니다. 모든 사람들에게 손가락질 받던 세리장 삭개오도 예수님을 만나 구원받아 알곡이 되었고 세리 마태는 예수님을 만나 인생이 변화된 뒤 예수님의 제자가 되었고 성경까지 기록하는 저자가 되었습니다. 이런 일들이 하나님의 은혜로 가능합니다. 그러니 성급히 가라지를 뽑으려 하지 말라는 것입니다. 우리가 해야 할 일이 있습니다. 죄는 미워하되 죄인은 사랑하는 것입니다. 가라지도 얼마든지 하나님의 은혜로 변화될 수 있음을 믿고 가라지라고 생각되는 사람을 위해 우리는 기도해야 합니다.

그러나 추수의 때가 되면 추수꾼들이 먼저 가라지를 거두어 불태워 버리듯이 반드시 심판의 때가 옵니다. 그때 모든 사람은 심판대 앞에 서서 자신의 행위에 따라 심판을 받아야 합니다. 그래서 우리는 매 주일 신앙을 고백하며 '저리로서 산 자와 죽은 자를 심판하러 우리 주님이 다시 오실 것을 믿는다'고 고백합니다. 그리고 이런 심판이 있음을 알게 하려고 하나님은 종종 역사 속에서 심판을 시행하기도 하십니다. 우리는 하나님이 행하시는 심판을 보면서 경각심을 가져야 합니다.

> 인자가 그 천사들을 보내리니 그들이 그 나라에서 모든 넘어지게 하는 것과 또 불법을 행하는 자들을 거두어 내어 풀무 불에 던져 넣으리니 거기서 울며 이를 갈게 되리라 그때에 의인들은 자기 아버지 나라에서 해와 같이 빛나리라 귀 있는 자는 들으라 (마 13:41-43)

50   예수님은 천사들을 보내어 하나님의 나라에서 남을 넘어지게 만들고 불법을 행하는 자들을 거두어 내어 풀무 불에 던져 넣으리니 거기서 울며 이를 갈게 될 것이라고 합니다. 여기 가라지는 사람들을 넘어지게 만들고 불법을 행하는 자들이라고 합니다. 저는 여러분 가운데 누구도 다른 사람을 넘어지게 만들거나 불법을 행하는 분들이 없기를 바랍니다. 여기서 불법을 행한다는 말은 하나님의 말씀을 듣고도 의도적으로 따르지 않는 자를 말합니다. 알고도 불순종하는 자들입니다. 이런 사람이 가라지이고 가라지는 반드시 풀무 불에 던져짐을 당하게 된다는 것입니다. 가라지의 운명은 풀무 불에 던져져 거기서 슬피 울며 이를 가는 고통을 당하게 됩니다.

그러나 의인들은 아버지 나라에서 해와 같이 빛나게 된다고 합니다. 성경은 많은 사람들을 옳은 데로 돌아오게 한 자는 하늘에서 별과 같이 영원토록 빛나게 될 것이라고 합니다. 우리는 남을 넘어지게 만드는 악인의 삶이 아니라 많은 사람들을 옳은 데로 돌아오게 하는 의인의 삶을 살아야 합니다. 이런 사람들은 하늘에서 별과 같이 영원토록 빛나는 영광을 누리게 될 것입니다. 지금은 심판의 때가 아니라 은혜의 때입니다. 하나님의 아들들을 얻기 위해 복음의 씨를 뿌릴 때입니다. 기독교 유튜버 배가현 씨는 'KEI IS LOVED(케이는 사랑받고 있어)'라는 유튜브 채널을 운영하는 자매입니다. 이 자매는 원래 트립 합(Trip Hop) 가수였다고 합니다. 트립 합은 우울 모드의 힙합입니다. 그녀의 노래는 사람을 우울하게 만듭니다. 사람들이 그녀에게 질문을 했습니다. '너는 예수를 믿는다며 왜 이렇게 노래가 우울하니?' 그러던 어느 날 그녀가 성경 구절 하나에 사로잡혔습니다.

> 사랑은 모든 것을 참으며 모든 것을 믿으며 모든 것을 바라며 모든 것을 견디느니라(고전 13:7)

이 말씀이 하나님께서 자신에게 하는 말씀같이 느껴졌습니다. '가현아, 나는 너를 사랑해. 너의 모든 것을 참았고 너를 믿었고 너를 기대했고 널 기다리고 있어!' 이 말씀이 자기에게 주신 하나님의 음성으로 들려왔다고 합니다. 그래서 그녀는 주님의 사랑에 감격하여 눈물을 흘렸고 그때부터 트립 합을 그만두고 CCM 현대 기독교 음악을 하면서 복음을 전하는 전도자가 되었습니다. 하나님은 우리가 하나님의 나라를 누리며 살기를 바라십니다. 그러나 하나님의 나라에는 긴장이 있고 갈등이 있습니다. 원수가 가라지를 뿌리기 때문입니다. 그러나 우리가 할 일은 가리지를 뽑는 일이 아니라 하나님의 은혜로 가라지가 알곡이 되도록 기도하며 사랑으로 섬기는 것입니다. 가라지도 알곡이 될 수 있기 때문입니다. 끝까지 변화되지 않는 가라지는 하나님의 때에 하나님이 심판하실 것입니다.

하나님 나라와 겨자씨

또 비유를 들어 이르시되
천국은 마치 사람이 자기 밭에 갖다 심은
겨자씨 한 알 같으니
이는 모든 씨보다 작은 것이로되
자란 후에는 풀보다 커서 나무가 되매
공중의 새들이 와서 그 가지에 깃들이느니라
마태복음 13:31-32

54

하나님의 나라는 죽어서 가는 나라가 아니라 이미 이 땅에서 시작된 나라요 우리가 경험할 수 있는 나라입니다. 겨자씨 비유는 이 땅에서 경험하는 하나님의 나라가 어떤 속성을 가지고 있는지 알게 합니다.

겨자씨는 매우 작은 씨지만 자란 후에는 큰 나무가 되어 새들이 그 가지에 깃들인다고 합니다. 그런데 천국 하나님의 나라가 겨자씨와 같다고 합니다. 하나님의 나라도 겨자씨처럼 작게 시작되지만 큰 나라로 확장되어 간다는 것입니다. 겨자씨는 통상 자라면 1, 2미터 정도 자란다고 합니다. 그러나 크게 자란 나무는 4미터까지도 자란다고 합니다. 하나님의 나라를 이런 겨자씨에 비유한 것은 몇가지 뜻이 있습니다.

첫째, 하나님의 나라의 확장성입니다.

이 땅에 하나님의 나라를 건설하기 위해 오신 예수님 자신도 겨자씨처럼 작고 초라한 모습으로 오셨습니다. 예수님이 태어나신 곳도 유다 고을 중에 가장 작은 베들레헴이었고 왕궁이 아닌 마구간이었습니다. 예수님이 성장하신 곳도 가난하고 못 배운 사람들이 사는 북쪽의 변방인 갈릴리 나사렛 마을이었습니다. 빌립이 나다나엘에게 메시아를 만났는데 나사렛 예수라고 하자 나다나엘은 나사렛에서 무슨 선한 것이 나오겠느냐고 말할 정도로 나사렛은 가난하고 못 배운 천민들이 사는 동네였습니다. 예수님의 육신의 아버지 요셉은 목수였고 예수님도 목수 일을 하면서 성장했습니다. 예수님은 학교를 다닌 적도 없었습니다. 그래서 이사야 선지자는 예수님에 대해 예언하며 '그는 연한 순 같고 마른 땅에서 나온 풀과 같아서 고운 모양도 없고 풍채도 없으며 흠모할 만한 아름다운 것이 전혀 없도다. 그는 사람들에게 멸시를 받았고 고통을 많이 겪었으며 질병이 무엇인지를 알았다.'고 했습니다.

그리고 예수님에 의해 시작된 하나님의 나라 또한 작고 초라하게 시작되었습니다. 당시 세상의 중심은 로마였습니다. 그래서 예루살렘에서 시작된 하나님의 나라는 로마를 중심으로 보면 변방이었습니다. 그러나 오늘날 하나님의 나라는 온 세상을 덮고 있는 거대한 나무로 자랐습니다. 세상은 크고 화려한 것에 주목하지만 하나님의 나라는 작고 초라하게 시작되었습니다. 세상은 유명 인사에 주목하지만 하나님의 나라는 무명의 사람들을 통해 시작되었습니다. 예수님의 제자들은 예루살렘의 엘리트층들이 상종도 하지 않는 천민들이었습니다. 그러나 그들에 의해 시작된 하나님의 나라는 오늘날 온 지구촌을 덮고 있습니다. 성경의 마지막 책요한 계시록은 장차 완성될 하나님 나라의 모습을 이렇게 소개했습니다.

> 이 일 후에 내가 보니 각 나라와 족속과 백성과 방언에서 아무도 능히 셀 수 없는 큰 무리가 나와 흰옷을 입고 손에 종려 가지를 들고 보좌 앞과 어린 양 앞에 서서 큰소리로 외쳐 이르되 구원하심이 보좌에 앉으신 우리 하나님과 어린 양에게 있도다(계 7:9-10)

각 나라와 족속과 백성과 방언에서 아무도 수를 셀 수 없는 큰 무리가 흰옷을 입고 하나님의 보좌 앞과 어린 양 앞에 서서 하나님을 찬양하고 있습니다. 겨자씨처럼 작게 시작된 하나님의 나라가 누구도 능히 수를 셀 수 없는 거대한 나라로 성장한 것입니다. 하나님의 나라는 생명 공동체이기에 그대로 머물러 있을 수 없고 자라갑니다. 살아 있는 모든 생명체는 자랍니다. 하나님의 나라도 생명 공동체이기에 자라갑니다. 나 한 사람이 예수를 믿으면 나 한 사람으로 머물지 않고 주변 사람들이 예수를 믿게 됩니다. 집안에서 직장에서 예수 믿는 한 사람이 예수를 믿으면 집안 사람들이 예수를 믿게 되고 직장 동료들도 예수를 믿게 됩니다. 마을에 예수 믿는 사람이 생기면 그 마을이 예수 믿는 마을이 됩니다. 하나님의 나라는 겨자씨처럼 성장해 가기 때문입니다.

우리나라에 들어온 최초의 선교사는 감리교 선교사 아펜젤러 부부와 장로교 선교사 언더우드 선교사였습니다. 그들이 1885년 부활절 아침, 인천항에 들어왔습니다. 그들이 조선 땅에 들어오기 19년 전, 이 땅에 들어와 복음의 씨를 뿌린 이가 있었습니다. 영국의 토마스 선교사였습니다. 그는 영국 하노버 교회에서 파송되었는데, 몇 년 전 하노버 교회를 방문한 적이 있었는데 토마스 선교사를 파송했을 당시의 모습 그대로라고 합니다. 시골 마을이었고 150명 정도가 앉을 수 있는 작은 규모의 시골 교회였습니다. 그런데 이런 교회에서 선교사를 파송했던 것입니다. 토마스 선교사는 1863년 중국 선교사로 파송 받았고 중국에 오자마자 아내가 출산하다가 죽습니다. 이런 시련 속에서도 토마스 선교사는 본국으로 돌아가지 않고 복음의 불모지인 조선 땅에 관심을 가지고 조선말을 배워 3년 후인 1866년에 미국 상선 제너럴셔면호의 통역관으로 조선 땅을 밟게 됩니다. 그는 조선어 통역관으로 배를 탔지만 그의 관심은 조선 땅에 복음을 전하는 일이었습니다. 그래서 한문 성경을 한 보따리 들고 배에 오릅니다. 그러나 미국 상선 제너럴셔면호는 불법 입국이었기 때문에 대동강에서 평양 관군의 저지를 받고 배에 화재가 발생합니다. 그로 인해 배에 있는 사람들이 하선하게 되었고 토마스 선교사도 배에서 내려 붙잡히게 됩니다. 그러나 토마스 선교사는 이때 예수를 외치며 성경을 강변에 뿌렸습니다. 그리고 목 베임을 당해 죽습니다. 그때 그의 나이 27세였습니다. 비참한 죽음처럼 보였습니다.

그런데 토마스 선교사가 뿌린 성경을 주운 사람 중에 '최치량'이라는 소년이 있었습니다. 나라가 성경을 불온문서라며 금서령을 내리고 회수를 하자 최치량은 성경을 문서 관리 책임자 박영식에게 갖다줍니다. 박영식은 종이 질이 좋아 성경을 뜯어 자기 집에 도배를 했고, 세월이 흘러 그 집은 성경을 주웠던 최치량이 사서 여인숙을 하게 됩니다. 그런데 그 여인숙에 마펫 선교사가 조사(전도사)를 데리고 유숙하러 들어갔다가 성경으로 도배가 된 것을 보고 주인 최치량을 전도하여 그 집에서 평양 최초의 교회가 시작됩니다. 그 교회가 바로 널다리골교회였고 이 교회는 후에 장대재교회로 그리고 다시 장대현교회로 개명이 되었습니다. 그리고 이 장대현교회에서 1907년, 그 유명한 평양 대부흥 운동이 일어났습니다.

토마스 선교사의 죽음은 그렇게 한국 교회 부흥으로 이어지는 씨앗이 되었습니다. 그리고 대동강 변에서 토마스 선교사의 목을 쳤던 박춘권이란 사람도 예수를 믿어 교회의 직분자가 되었습니다. 토마스 선교사는 땅에 묻힌 한 알의

밀알이 되었던 것입니다. 그리고 한국 교회는 세계를 놀라게 하는 부흥을 경험했습니다.

겨자씨는 작지만 그 안에 생명이 있기 때문에 자라서 열매를 맺게 됩니다. 소망교회 원로 목사님이신 곽선희 목사님의 간증입니다. 한번은 현직에 있었을 때 불신자의 임종을 지켜볼 기회가 있었다고 합니다. 교회 성도의 아버지였는데 그 아버지는 교회를 다니는 분이 아니었습니다. 그런데 임종을 앞두고 목사님을 부른 것입니다. 교회를 다니지 않았는데 어떻게 목사를 불렀느냐고 물었더니 그분은 초등학교 3학년 때 잠시 교회를 나간 적이 있었다고 합니다. 그때 '예수 사랑하심은 거룩하신 말일세'라는 찬송을 불렀는데, 교회를 떠나 살면서도 교회 십자가만 보면 그때 불렀던 그 찬송이 생각나곤 했다고 합니다. 그 찬송가 가사는 이러합니다.

예수 사랑하심을 성경에서 배웠네 우리들은 약하나 예수 권세 많도다 나를 사랑하시고 나의 죄를 다 씻어 하늘 문을 여시고 들어가게 하시네 날 사랑하심 날 사랑하심 날 사랑하심 성경에 쓰였네 (찬송가 563장)

어린 시절 그에게 심겨진 복음의 씨앗이 60년이 지나 죽음 앞에서 싹이 난 것입니다. 그래서 염치불구하고 목사님을 불렀다는 것입니다. 목사님은 그분에게 다시 복음을 전하고 예수님을 영접하도록 도와준 후 그를 위해 기도해 주었습니다. 복음 안에는 생명이 있기 때문에 겨자씨처럼 작아 보여도 때가 되면 싹을 틔우고 생명을 살립니다.

개척 교회를 시작하고 열심히 전도하던 목사님이 있었습니다. 목사님은 주일 오전 예배를 드리고 나면 오후엔 아들과 함께 거리에 나가 전도지를 나누어 주며 전도를 하곤 했습니다. 어느 추운 겨울날이었습니다. 날씨가 을씨년스럽게 춥고 밖에는 비까지 내렸습니다. 날씨 때문인지 그날따라 목사님은 몸도 피곤해서 오늘은 쉬어야겠다고 생각하고 소파에 앉아 있었습니다. 그런데 열한 살 된 아들이 옷을 입고 전도 나갈 시간이라며 아빠에게 왔습니다. 아빠가 말합니다. '애야 오늘은 날씨도 춥고 밖에 비까지 내리는구나. 이런 날엔 사람들이 나오지 않으니 오늘은 좀 쉬자.' 그러나 아들은 자기라도 혼자 나가서 전도지를 돌리고 오겠다고 했고 아빠는 그렇게 하라고 했습니다. 소년은 전도지를 들고 거리로 나갔지만 날씨가 춥고 비가 와서인지 거리에는 사람을 볼 수가 없었습니다. 소년은 거리를 서성이다가 어떤 집 앞에서 이 집에라도 전도지를 전하고 가야겠다고 생각하고 현관 벨을 눌렀습니다. 그러나 아무런 반응도 없었습니다. 그래도 그냥 갈 수 없어서 계속하여 벨을 눌렀습니다. 그제서야 안에서 인기척이 들렸고 잠시 후 아주머니 한 분이 나오셔서 힘 없는 표정으로 물었습니다. '애야, 왜 그러니? 무엇을 도와줄까?' 이때 소년이 말했습니다. '아주머니 미안해요. 저는 도움을 받으러 온 게 아니라 아주머니에게 꼭 들려주고 싶은 이야기가 있어서 왔어요.' 아주머니가 물었습니다. '무슨 이야긴데 그러니?' '예, 하나님이 아주머니를 사랑하세요. 이것을 꼭 읽어 보세요.' 소년은 전도지를 건네주고 돌아갔습니다.

그리고 주일이 돌아왔습니다. 목사님은 설교를 마치고 회중에게 물었습니다. '여러분 가운데 간증을 하고 싶은 분이 있으면 기회를 드리겠습니다.' 이때 맨 뒷줄에 앉아 있던 한 부인이 일어섰습니다. 그리고 앞으로 나아가 입을 열었습니다. '저는 오늘 이 교회에 처음 나왔습니다. 저는 어린 시절 교회를 다녔지만 성인이 되어서는 교회와 멀어졌습니다. 저는 남편과 함께 살았는데 얼마 전 남편이 세상을 떠났습니다. 저는 모든 희망을 잃었고 깊은 우울증에 빠졌습니다. 지난 일요일은 유난히도 춥고 비까지 내리는 날이었습니다. 마음이 심히 우울했습니다. 저는 마음을 추스르기 힘들어 삶을 마감하려고 준비하고 있는데 갑자기 벨 소리가 들렸습니다. 그 벨 소리는 멈추지 않고 계속 울렸습니다. 저는 누가 저렇게 벨을 누르는지 궁금했고 내려가 문을 열었을 때 한 소년이 서 있었고 그 소년은 저에게 좋은 소식을 전해주러 왔다며 이 소책자를 전해주고 갔습니다. 저는 사라져가는 소년의 뒷모습을 바라보고 있는데 그 소년이 천사의 모습으로 변했습니다. 그때 저는 하나님께서 천사를 보내 저를 살린 것이라고 믿었고, 문을 닫고 들어와 그 천사가 건네준 글을 읽기 시작했습니다. 하나님이 저를 사랑하신다는 말씀이었습니다. 저는 더 이상 어리석은 행동을 할 수가 없었습니다. 그리고 오늘 일요일에 그 어린 천사가 갔던 방향을 따라오다 보니 교회가 있어서 들어오게 되었습니다.'

하나님께서 열한 살 난 소년의 전도를 통해 이 여인을 살려낸 것입니다. 하나님은 겨자씨와도 같은 작은 소년을 통해 한 여인의 생명을 살려냈습니다. 그렇습니다. 하나님은 겨자씨처럼 보잘 것 없어 보이는 연약한 자를 통해서도 사람의 생명을 살려내십니다. 이 소년처럼 일주일에 단 한 번이라도 누구에겐가 복음을 전해 보지 않겠습니까?

둘째, 하나님 나라의 질적 변화를 알립니다.

하나님 나라는 외적으로도 성장하지만 내적으로도 성장합니다. 질적인 성장이란 예수님을 닮아가는 것입니다.

오직 사랑 안에서 참된 것을 하여 범사에 그에게까지 자랄지라 그는 머리니 곧 그리스도라 (엡 4:15)

우리는 사랑 안에서 참된 것을 하여 범사에 그에게까지 자라가야 한다고 말씀합니다. 범사에 그에게까지 자라가야 하는 것은 그리스도를 닮아가는 것을 말합니다. 그리스도를 닮아가는 것은 사랑 안에서 진리를 행하는 것을 말합니다. 우리는 모든 면에서 예수님처럼 사랑으로 행하고 진리 안에서 행해야 합니다. 이것이 예수님을 닮아 가는 사람의 모습입니다. 우리나라는 복음이 전해지기 전 미신과 악습에 찌든 어둠의 나라였습니다. 양반과 천민의 신분 차별이 있었고 술과 도박이 판을 쳤고 힘 좀 있는 남자들은 첩을 두고 살았습니다. 그리고 힘없는 여자와 어린아이는 사람 취급도 받지 못한 나라였습니다. 이런 나라에 복음의 빛이 비치면서 이 땅을 덮고 있던 어둠이 떠나갔습니다. 미신과 퇴폐 문화가 사라지고 약자들이 보호받으며 인권이 회복되었습니다. 선교사들은 이 땅에 학교를 세워 배움의 길을 열어 주었고 병원을 세워 질병을 치료해 주었습니다. 술과 도박이 사라지고 축첩 제도와 미신이 사라졌습니다. 하나님의 나라가 임하면서 이런 변화가 일어났습니다.

하나님의 나라는 수적으로도 성장해야 하지만 질적으로도 성장해야 합니다. 우리의 인격이 예수님을 닮아야 합니다. 인격과 성품의 변화, 삶의 변화가 없는 종교 생활은 거짓이며 생명력이 없습니다. 그것은 쭉정이지 알곡이 아닙니다. 하나님의 나라는 반드시 양과 질이 성장해야 합니다. 우리 교회가 수적으로도 성장해 가야 하고 부단히 예수님의 성품을 닮고 예수님의 삶을 닮아가야 합니다. 하나님의 나라는 외적으로 질적으로 성장하는 나라입니다.

하나님 나라와 누룩

또 비유로 말씀하시되
천국은 마치 여자가 가루 서 말 속에 갖다 넣어
전부 부풀게 한 누룩과 같으니라
마태복음 13:33

하
나
님
나
라
와
누
룩

하나님의 나라는 하나님이 통치하는 나라로 우리가 예수님
을 나의 구주 나의 주인으로 받아들이고 예수님의 다스림을
받아들이면 내 안에 하나님의 나라가 시작됩니다. 그렇게 시
작된 하나님의 나라를 예수님은 겨자씨 비유로 설명했습니
다. 하나님의 나라는 겨자씨처럼 작고 초라하게 시작되지만
새들이 깃들일 정도로 큰 나무로 성장합니다. 하나님의 나라
를 시작하신 예수님도 초라한 모습으로 오셨기에 누구도 그
를 주목하지 않았습니다. 제자들 또한 이름 없는 자들이었습
니다. 그러나 그렇게 시작된 하나님의 나라는 오늘날 온 세
상을 덮는 큰 나무로 성장하여 수많은 사람들에게 안식과
위로, 평안과 기쁨, 행복과 생명을 안겨줍니다. 그러나 하나

님의 나라는 이렇게 외적으로도 성장해야 하지만 내적으로도 성장해야 합니다. 예수님의 성품과 삶을 닮아 예수님처럼 살아야 합니다. 성경은 우리가 사랑 안에서 참된 것을 하여 범사에 그리스도에게까지 자라가야 한다고 했습니다.

오늘 본문은 누룩의 비유입니다.

또 비유로 말씀하시되 천국은 마치 여자가 가루 서 말 속에 갖다 넣어 전부 부풀게 한 누룩과 같으니라 (마 13:33)

천국 곧 하나님의 나라는 여자가 가루 서 말 속에 갖다 넣어 전부를 부풀게 한 누룩과 같다고 합니다. 가루 서 말은 150명분 정도의 빵을 만들 수 있는 양입니다. 상당한 양의 밀가루입니다. 그렇게 많은 밀가루 속에 작은 누룩이 들어가면 밀가루를 전부 부풀게 만들어 버린다는 것입니다. 여기 누룩 비유를 통해 말씀하시는 하나님 나라의 속성은 영향력이요 변화입니다. 하나님의 나라는 변화의 나라입니다. 하나님의 나라가 임하면 변화가 일어납니다. 가치관이 변하고 인생의 목적이 변합니다. 내가 변하고 가정이 변하고 하나님의 나라가 임하는 사람들을 만나면 그들도 변하게 됩니다. 나 한 사람에게 하나님의 나라가 임하면 나 한 사람에게만 머물지 않고 다른 사람에게도 영향을 미쳐 그에게도 하나님의 나라가 임하게 만든다는 것입니다.

성경에서 누룩은 대체로 죄와 위선, 거짓 등 부정적인 의미로 많이 사용되었습니다. 그러나 여기서는 긍정적인 의미로 사용되었습니다. 하나님의 나라는 주변에 선한 영향을 끼쳐서 확장되어 가는 나라라는 것입니다. 그래서 이사야 선지자는 하나님의 나라는 한 사람이 천을 이루고 약한 자가 강국을 이루는 나라라고 합니다. 누룩이 밀가루 속에 들어가면 밀가루를 다 부풀게 만듭니다. 이와 같이 하나님의 나라가 한 사람에게 임하면 그 한 사람에게만 머물러 있지 않고 주변 사람들에게 영향을 미쳐 그들에게도 하나님의 나라가 임하게 한다는 것입니다. 이것이 하나님 나라의 속성입니다.

복음에는 놀라운 힘이 있습니다. 그 안에 생명이 있기 때문입니다. 그래서 주변 사람들을 변화시킵니다. 유대교 사람들은 바울을 '염병'이라고 불렀습니다. 염병은 전염성이 강해 한 사람이 걸리면 주변 사람들을 전염시킵니다. 그래서 성경에 보면 염병으로 많은 사람들이 죽은 사례들이 나옵니다. 민수기 16장에서 고라의 일당이 하나님이 세운 권위인 모세와 아론을 비방하다가 하나님의 진노를 사서 염병으로 14,700명이 죽었습니다. 민수기 25장에서는 이스라엘 백성이 모압 여인들의 미인계에 빠져 음행을 저지르고 우상을 숭배하다가 염병으로 24,000명이 죽었습니다. 그런데 누룩도 염병처럼 주변을 변화시키는 전염성이 있습니다. 그래서 한 사람에게 하나님의 나라가 임하면 주변 사람들에게 하나님의 나라가 임하도록 번져 가는 것입니다.

그런데 누룩은 반드시 밀가루 속에 들어갈 때 누룩의 효능이 나타납니다. 하나님 나라도 그렇습니다. 예수 믿는 사람들끼리만 모여 있으면 하나님의 나라가 확장되지 않습니다. 누룩이 밀가루 속에 들어갈 때 누룩의 효능이 나타나듯 하나님의 나라를 경험한 사람이 세상으로 들어가 선한 영향을 끼칠 때 하나님 나라가 확장되어 갑니다. 하나님의 나라는 하나님의 나라를 경험한 사람이 자기를 부정하며 섬길 때 사람들이 영향을 받아 하나님의 나라가 확장되어 갑니다. 하나님의 백성이 자기를 부정하고 자기를 희생하며 섬기는 모습을 보면서 사람들은 하나님 나라 백성들의 아름다움을 보고 감동을 받아 하나님의 나라를 받아들이는 것입니다. 그래서 하나님의 나라는 구호나 선동으로 이루어지지 않습니다. 누룩과 같이 자기를 부정하고 희생하며 다른 이들을 섬기는 사랑을 통해 확장되어 갑니다.

성경은 누구든지 그리스도 안에 있으면 새로운 피조물이 된다고 선언합니다. 하나님 나라의 왕이신 예수님을 왕으로 모시고 그분의 통치를 받아들일 때 먼저 자신이 새롭게 태어납니다. 그래서 가치가 변하고 성품이 변하고 세상을 바라보는 시각도 변하고 인생의 목적도 변하게 됩니다. 그리고 이렇게 변화된 사람이 또 다른 사람을 변화시킵니다.

오래 전 탤런트 문오장 씨가 있었습니다. 주로 사극을 담당하거나 북한 사람 역을 많이 했던 분입니다. 그가 인기 절정에 있을 때 여의도 같은 아파트에 사는 이웃으로부터 식사 초대를 받았다고 합니다. 그를 초대한 분은 여의도 순복음 교회 장로님이었습니다. 그는 장로님 가정에 식사 초대를 받고 가서 가정 분위기를 보고 큰 충격을 받았습니다. 같은 아파트 같은 평수에 살고 있는데 가정 분위기가 자기 집과는 너무나도 달랐던 것입니다. 장로님 가정은 마치 천국과 같았습니다. 부부가 서로를 대하는 모습, 부모가 자녀를 대하고 자녀가 부모를 대하는 모습 그리고 장로님 가정은 공기마저 자기 집과 달라 보였답니다. 문오장 씨는 그날 장로님 가정을 보면서 자기도 예수 믿어야겠다고 생각하게 되었습니다. 그래서 장로님께 자기도 교회에 데리고 가 달라고 부탁하여 여의도 순복음 교회에 출석하게 되었습니다. 그리고 은혜를 받아 탤런트 일을 그만두고 신학을 공부하여 목사가 되었고 목회를 하다가 하나님 곁으로 갔습니다. 하나님의 나라를 누리며 사는 한 장로님 가정을 통해 탤런트 문오장 씨 가정에도 하나님의 나라가 임하게 된 것입니다.

이것이 누룩 비유를 통해 말씀하신 하나님 나라의 속성입니다. 예수님은 우리를 향해 너희는 세상의 빛이요 세상의 소금이라고 했습니다. 세상에서 어둠을 밝히는 빛이요 세상에서 부패를 막고 맛을 잃은 세상에서 맛을 나게 하는 소금이 되어야 한다는 것입니다. 빛과 소금은 조용합니다. 그러나 주변을 확실하게 변화시키는 힘이 있습니다. 빛이 나타나면 어둠이 물러가고 소금이 뿌려지면 음식에 맛이 납니다. 그런데 빛을 발하기 위해서는 자기희생이 따라야 하고 소금이 음식 맛을 내기 위해서는 자기를 부인하는 희생이 따라야 합니다. 자기 부인, 자기희생 없이 빛이 될 수 없고 소금의 맛을 낼 수 없습니다.

우리나라에서 가장 복음화율이 높은 지역이 전라도 지방입니다. 대체로 30%가 넘습니다. 서울, 경기가 20%대, 경상도는 5%대입니다. 그런데 전라남도 광양의 웅동마을이 있습니다. 일본의 사무라이들이 1895년, 명성황후를 살해하고 도망을 치자 인천까지 쫓아가 시해자들을 죽이고 전라남도 광양 웅동마을로 몸을 피한 사람이 있었습니다. 한태원 씨였습니다. 이때 광주에서 그를 잡기 위해 관리가 내려왔습니다. 그 관리가 웅동마을 사람들을 보니 술과 도박에 찌들어 어떤 희망도 없이 살아가고 있었습니다. 그래서 관리는 그 마을 사람들에게 야소교(예수교)를 소개했습니다. 광주에 야소교가 새로 들어왔는데 그 교를 믿는 사람들은 술과 도박을 끊고 새 삶을 사는 것을 보았다고 말했습니다. 마을 사람들은 야소교를 자신들도 믿을 수 있느냐고 물었고 관리는 광주에 가서 조상학 목사를 만나 보라고 소개했습니다. 그래서 그 마을 40세 동갑내기 세 사람, 박희원 서병준 장기용 씨가 3일을 걸어 광주에 가서 조 목사를 만났습니다. 그들은 조상학 목사에게 복음을 듣고 성경의 기초를 공부한 후 돌아와 웅동마을 한 사랑방에서 예배를 드리기 시작했습니다. 그리고 그들의 변화된 모습을 보고 점차 예수 믿는 사람들이 늘어나 나중엔 웅동마을에 사는 19가구 전부가 예수를 믿게 된 것입니다. 하나님의 나라는 이처럼 하나님의 나라를 경험한 사람들에 의해 확장되어 가는 나라입니다.

예수님 당시 세계의 중심은 로마였습니다. 하나님의 나라가 시작된 이스라엘은 로마 입장에서 보면 세상의 변방이었습니다. 그런데 그 변방에서 시작된 하나님의 나라가 한 세기가 되기 전에 로마의 중심부까지 파고 들었습니다. 로마 중심에서도 예수 믿는 사람들이 생겨났고 그들은 예수님을 주님으로 고백했습니다. 로마 시민은 황제를 주로 고백해야 했는데 예수 믿는 사람들이 예수님을 주님으로 고백하자 로마의 황제들은 예수 믿는 사람들을 250년 간이나 박해하기 시작했습니다. 많은 사람들이 감옥에 갇혔고 죽임을 당했습니다. 그러나 이런 박해 속에서도 예수 믿는 사람들은 불길처럼 번져갔고 마침내 로마 제국이 기독교를 받아들였습니다. AD 313년, 로마 황제에 의해 로마는 기독교를 공인했던 것입니다. 하나님의 나라는 누룩처럼 주변을 변화시켜 갑니다.

누룩이 누룩끼리만 모여 있으면 아무런 능력이 나타나질 않습니다. 밀가루 속에 들어가야 누룩의 능력이 나타납니다. 우리가 이 땅에 하나님의 나라를 확장시키기 위해서는 세상으로 들어가야 합니다. 세상은 우리가 담을 쌓고 살아야 할 이방 나라가 아니라 우리의 사역지가 되어야 합니다. 불신 가족이 있는 가정도, 불신 동료가 있는 직장도 우리가 들어가 누룩의 역할을 해야 할 사역지입니다. 그리고 우리가 살아가는 세상도 우리가 누룩으로 살면서 선한 영향을 끼쳐야 할 사역지입니다. 물론 쉬운 일이 아닙니다. 그러나 포기해서는 안 될 사역지입니다.

　이렇게 살았던 사람 중 한 사람이 고인이 된 이태석 신부입니다. 그분은 아프리카 중에서도 가장 오지로 꼽히는 수단의 남부 톤즈 지역에 갔습니다. 그곳은 오랜 내전으로 폐허가 되었고 갈 곳 없는 사람들이 남아서 사는 황폐한 땅이었습니다. 이태석 신부는 그 땅의 소식을 듣고 그들을 섬기기 위해 의학을 공부하여 의료혜택을 받지 못해 작은 병으로도 죽어가는 그들을 치료하며 하나님의 사랑을 전했습니다. 오염된 강물을 마시고 병을 달고 사는 그들을 위해 우물을 파서 식수난을 해결해 주었고, 하루 한 끼로 연명하는 그들에게 농경지를 일구고 농사법을 가르쳐 식량을 생산하게 하였습니다. 학교를 세워 초등학교에서 고등학교까지 과정을 공부할 수 있도록 했습니다. 아프리카 청소년들에게 천부적인 음악성이 있다는 것을 알고 악기를 가르쳐 '브라스 밴드'(brass band-금관악기 밴드)를 만들어 공연도 하게 했습니다. 그 실력이 알려지면서 브라스밴드는 정부 행사에도 초청되어 연주하였고 선교사님들의 도움을 받아 해외 공연도 했습니다. 우리나라에도 왔었습니다. 이태석 신부는 이렇게 누룩의 삶을 살다가 2008년 대장암 4기 판정을 받고 2010년 1월 14일 하나님의 부름을 받았습니다. 그러나 누룩과 같은 삶을 살았던 이 한 사람을 통해 눈물의 땅 톤즈는 울음을 멈추게 되었고 그곳에도 하나님의 나라가 임했습니다.

그런가 하면 강원희 박사는 '히말라야의 슈바이처'로 불리는 분입니다. 그는 1982년 의사로서 절정기라고 할 수 있는 49세에 잘되던 병원을 정리하고 의료 선교사가 되어 히말라야 산지로 들어갔습니다. 의료혜택을 받지 못하고 살아가는 네팔의 산지 마을 사람들을 치료하며 복음을 전함으로 그 땅에 하나님의 나라가 임하게 했습니다. 누구나 외국에 나가야만 하나님의 나라를 위해 일할 수 있는 것은 아닙니다. 내가 사는 곳에서도 얼마든지 누룩이 될 수 있고 누룩과 같은 삶을 살아야 합니다. 이것이 하나님께서 우리에게 주신 사명입니다.

프랑스의 한 가난한 농부 가정에서 태어나 전쟁에 참전했다가 부상으로 다리를 절게 된 사람이 있었습니다. 그는 하나님을 인격적으로 만난 후 수도원에 들어갔습니다. 학력 부족으로 수도사가 될 수 없었고 평신도 자격으로 주방일을 하게 되었습니다. 주방일은 고된 일상이었지만 주방일을 할 때 언제나 수도사가 성례를 집행하듯 했고 모든 순간이 하나님의 임재 앞에 살아가는 예배였습니다. 밥을 지을 때도 성찬을 준비하는 마음으로 했고 설거지를 할 때도 주님과 대화하며 그릇을 씻었습니다. '주님, 제가 이 그릇을 깨끗하게 한 것처럼 주의 보혈로 내 마음과 생각을 씻어 주옵소서.' 아궁이에 불을 지필 때는 '주님, 내 마음에 성령의 불이 타오르게 하옵소서.'라고 기도했습니다. 그는 그렇게 하나님의 임재를 연습하며 살았습니다. 그리고 그가 살아가는 모습을 본 사람들은 그에게서 하나님의 임재와 영광을 보았습니다. 그의 이름은 니콜라 에르망, 우리는 그를 로렌스 형제라고 부릅니다.

하나님의 나라는 누룩과 같습니다. 하나님의 나라를 경험한 사람이 하나님의 나라를 확장시켜 갑니다. 거룩한 영향을 끼쳐 주변 사람들을 변화시켜 갑니다. 사람들은 그에게서 주님처럼 살아가는 아름다움과 매력을 느끼며 감동을 경험합니다. 저는 우리 모두가 누룩처럼 우리 주변을 변화시키며 사는 하나님의 백성들이 되기를 소망합니다. 다음 찬양의 가사를 음미해 보기 바랍니다.

언제나 내 모습 너무나 부끄러워 무릎으로 주님께 기도로 가오니 나 홀로 서 있는 죽은 내 영 깨우사 주님만 나를 깨워 내 영 살게 하소서 주님 내 안에 주님 내 안에 내 안에 계시고 주님 내 안에 주님 내 안에 나를 세워주소서

하나님 나라와 보화

천국은 마치 밭에 감추인 보화와 같으니
사람이 이를 발견한 후 숨겨 두고 기뻐하며 돌아가서
자기의 소유를 다 팔아 그 밭을 사느니라
또 천국은 마치 좋은 진주를 구하는 장사와 같으니
극히 값진 진주 하나를 발견하매
가서 자기의 소유를 다 팔아 그 진주를 사느니라

마태복음 13:44-46

보화의 비유는 하나님의 나라가 얼마나 소중한 가치를 갖고 있는가를 알게 해줍니다. 오늘 말씀은 두 가지 비유를 함께 소개하고 있는데 밭에 감추인 보화의 비유와 값진 진주를 찾는 비유입니다.

첫째, 밭에 감추어진 보화 비유

어떤 사람이 남의 밭에서 일을 하다가 밭에 감추어진 보화를 발견한 후 그것을 소유하기 위해 보물을 숨겨 두고 기뻐하며 돌아가서 자기의 모든 소유를 팔아 그 밭을 샀다는 이야기입니다. 이 보물을 발견한 사람은 남의 밭을 빌려서 농사를 짓는 소작농이거나 남의 밭에서 일하는 품꾼이었던 것 같습니다. 은행제도가 없는 고대에서는 보물을 땅에 숨겨 보관하곤 했습니다. 우리나라는 보물을 주로 장롱 깊은 곳에 보관했으나 전쟁이 많은 고대 이스라엘 사람들은 보물을 항아리에 넣어 자기만 아는 땅속에 보관했습니다. 그러다가 전쟁으로 주인이 죽거나 포로로 끌려가 돌아오지 못하면 그 보물은 땅에 묻힌 보물이 되어 버리고 맙니다. 이런 상황에서 누군가가 밭을 빌려 농사를 짓다가 보화를 발견하기도 하고 남의 밭에서 일하다가 밭 주인도 모르는 보물을 발견하는 경우도 있었던 것입니다. 남의 밭을 빌려 농사를 짓는 소작농이거나 남의 밭에서 일해야 하는 사람이라면 가난한 사람일 것입니다. 그가 일을 하다가 숨겨진 보화를 발견했다면 가슴이 뛸 것입니다. 그리고 자기만 아는 그 보물을 차지하고 싶어질 것입니다.

예수님은 이것이 천국을 발견한 사람의 모습이라고 말합니다. 천국을 발견했다는 말은 예수를 믿어 구원받은 것을 말합니다. 제가 처음 예수님을 인격적으로 만나고 구원의 확신을 가졌을 때 온 세상을 얻는 것 같은 기분이었습니다. 마치 보물을 발견한 사람의 기분이었습니다. 남의 밭에서 보물을 발견했다면 주인에게 말하는 것이 옳을 것입니다. 그러나 이 사람은 주인에게 말하기보다 그 보물을 자기의 것으로 삼기 위해 모든 소유를 팔아 그 보물이 묻혀 있는 밭을 샀습니다. 그렇다면 그의 행위는 도덕적으로 문제가 있는 것 아닌가 생각할 수 있습니다. 그러나 이 비유에서 말하고자 하는 핵심은 어떤 도덕적인 문제를 다루려는 게 아니라 천국을 발견한 사람이 그 천국을 얻기 위해 어떤 희생을 치르는가 하는 것을 말하고자 함입니다. 천국을 발견한 사람은 자신의 모든 것을 포기하더라도 그 나라를 소유하고 싶어 한다는 것입니다.

둘째, 진주 비유

> 또 천국은 마치 좋은 진주를 구하는 장사와 같으니 극히 값진 진주 하나를 발견하매 가서 자기의 소유를 다 팔아 그 진주를 사느니라(마 13:45-46)

천국은 마치 좋은 진주를 구하는 장사와 같으니 극히 값진 진주 하나를 발견하매 가서 자기의 소유를 다 팔아 그 진주를 샀다고 합니다. 보물 비유나 진주 비유 모두 보물과 진주를 발견했을 때 그것을 얻기 위해 자신의 모든 소유를 다 팔았습니다. 천국은 자신의 모든 것을 다 팔아서라도 소유할 만큼 가치 있고 소중한 것이란 말입니다. 보물을 발견한 사람과 진주를 발견한 사람은 차이도 있습니다. 밭에 감추어진 보물은 우연히 발견했습니다. 하지만 좋은 진주는 찾아다니다가 발견했습니다. 발견한 방법이 다릅니다. 그런데 천국도 그렇습니다. 내가 의도하지 않았지만 우연히 발견될 수도 있고 구도자의 삶을 살다가 발견할 수도 있습니다. 사마리아 수가성 여인은 우물가에 물을 길러 갔다가 생각지도 못하게 예수님을 만나 구원을 받았습니다. 사울이란 청년도 예수 믿는 사람을 붙잡으러 가다가 뜻밖에 예수님을 만나 인생이 변했습니다. 이는 우연히 보물을 발견한 것과 같습니다.

한편 밤에 예수님을 찾아온 율법 선생 니고데모는 구도자였습니다. 그는 진리를 찾아 헤매다가 예수님을 만났습니다. 에디오피아 내시, 로마의 백부장인 고넬료도 구도자의 삶을 살다가 예수님을 만나 천국을 소유하게 되었습니다. 그러나 우연히 예수님을 만났든지 진리를 찾아 헤매다가 예수님을 만났든지 예수님을 만나 천국을 소유하게 된 배후에는 하나님의 은혜가 있었고 하나님의 부르심이 있었습니다.

진주 이야기가 나왔으니 참고로 세계에서 가장 비싼 진주를 소개해 드리겠습니다. 이름은 '바다 진주'(Ocean pearl)인데 무게가 6톤이나 됩니다. 몽골에서 발견했고 3년 동안 가공했다고 합니다. 가격은 우리나라 돈으로 2,067억 6천만 원입니다. 예수님이 소개한 진주도 자기의 모든 소유를 팔아서라도 사야 할 만큼 값진 진주였습니다. 그래서 보물과 진주를 발견한 사람은 자신의 모든 소유를 팔아서라도 그것을 사려고 했습니다. 천국은 자신의 모든 것을 팔아서라도 사야 할 만큼 가치가 있음을 예수님이 말씀하신 것입니다. 그러니까 어떤 경우에도 천국을 잃어서는 안 됩니다. 이 세상에서 소중하다는 것을 다 잃어도 영생을 잃어서는 안 됩니다. 천국도 그렇고 영생도 그렇습니다. 이 세상 모든 것을 다 잃는다 해도 잃어서는 안 됩니다. 천국은 그렇게 소중한 것입니다. 예수님은 말씀했습니다.

> 아버지나 어머니를 나보다 더 사랑하는 자는 내게 합당하지 아니하고 아들이나 딸을 나보다 더 사랑하는 자도 내게 합당하지 아니하며 또 자기 십자가를 지고 나를 따르지 않는 자도 내게 합당하지 아니하리라 자기 목숨을 얻는 자는 잃을 것이요 나를 위하여 자기 목숨을 잃는 자는 얻으리라 (마 10:37-39)

우리가 정상적이라면 이 세상에서 가장 소중한 존재가 부모이고 자식이며 자기 자신일 것입니다. 그러나 부모와 자식, 자기 자신마저 예수님보다 더 사랑하면 그 사람은 하나님 나라에 합당하지 않다고 말합니다. 이 세상 최고의 가치는 예수님이고 하나님 나라이며 영생인 것입니다. 그러나 천국은 감추어져 있습니다. 세상의 빛이신 예수님이 이 세상에 오셨을 때 사람들은 그를 알아보지 못했습니다. 사람들은 예수님에게 열광하면서도 예수님을 선지자 정도로 알았을 뿐 하나님의 아들로 자신의 구원자로 알아보지는 못했습니다. 천국은 감추어져 있기 때문입니다. 육신의 눈으로는 영의 세계를 보지 못하고 육신의 사람은 영적인 일을 알지 못합니다. 예수님께서도 거듭나지 않고는 하나님의 나라를 볼 수 없다고 말씀했습니다. 예수님이 자기 땅에 오매 자기 백성이 그를 영접하지 않았습니다. 천국이 감추어져 있고 그들의 눈이 가려져 있었기 때문입니다.

보물을 발견한 농부나 좋은 진주를 발견한 상인은 보물과 진주를 사기 위해 자신의 모든 소유를 팔았습니다. 보물과 진주를 얻기 위해 자신의 모든 소유를 팔았다고 해서 돈으로 천국을 살 수 있다는 말은 아닙니다. 천국은 돈이나 인간의 행위로 살 수 있는 나라가 아닙니다. 천국을 얻기 위해 모든 것을 팔았다는 말은 천국은 모든 것을 팔아서라도 사야 할 정도로 가치가 있고 반드시 그렇게 해야 한다는 말입니다.

전문 등산가들은 꿈이 있습니다. 세계의 최고봉인 에베레스트 산을 정복하는 것입니다. 많은 등산가들이 세계 최고봉을 오르려고 시도했습니다. 그러나 에베레스트 산을 정복하는 것은 결코 쉽지 않습니다. 많은 노력과 비용, 위험이 뒤따릅니다. 1996년 전만 해도 네 명 가운데 한 명이 목숨을 잃었습니다. 지금은 숫자가 줄었지만 지금도 100명 가운데 14명이 목숨을 잃는다고 합니다. 지난 30년 동안 에베레스트를 정복하려다가 목숨을 잃은 사람의 수가 230명이 넘습니다. 산사태로 한꺼번에 16명이 목숨을 잃은 적도 있었습니다. 한 번 오르는 데 3천만 원 이상의 비용이 들고 전문 등산가들인데도 훈련하고 준비하는 데만 8-10개월이 걸린다고 합니다.

그런데 그렇게 값비싼 비용을 지불하고 에베레스트 산을 정복한다 해도 실질적으로 어떤 소득을 얻는 것은 아닙니다. 일확천금을 버는 것도 아니고 고위 인사가 되는 것도 아닙니다. 수명을 100년이나 더 연장받는 것도 아닙니다. 다만 세계 최고봉을 정복했다는 명예를 얻을 뿐입니다. 그런데도 사람들은 그렇게 많은 노력과 비용을 들이고 목숨을 잃는 위험까지 감수하며 에베레스트산 을 정복하려 합니다. 그러나 하나님의 나라를 소유하는 것은 에베레스트 산을 정복하는 것과는 비교조차 되지 않을 정도로 가치가 있습니다. 천국을 소유한다는 것은 영생을 얻는 일로, 모든 것을 포기해서라도 얻어야 할 가치가 있는 것입니다.

아브라함은 100세에 난 아들을 바치라는 하나님의 명령을 듣고 순종합니다. 100세에 난 첫아들이기에 이삭은 아브라함에게 생명처럼 소중했습니다. 그럼에도 하나님의 명령에 아브라함은 순종합니다. 아들을 붙들지 않고 하나님을 붙들었습니다. 이것이 하나님 나라의 가치를 아는 사람이 취하는 행동입니다. 그 결과 아브라함은 하나님도 얻었고 아들도 얻었습니다. 만약 아들을 얻기 위해 하나님을 버렸다면 아브라함은 그에게 복을 주시는 하나님을 잃었을 것입니다. 그러나 하나님을 붙들었기에 하나님도 얻고 아들도 얻었습니다. 이것이 천국을 얻기 위해 모든 것을 버리는 사람이 누리는 복입니다.

사도 바울은 자랑거리가 많은 사람이었습니다. 그가 말합니다. '나도 육체를 신뢰할 만하니 난지 팔 일만에 할례를 받았고, 이스라엘 족속이요 베냐민 지파이며 히브리인 중의 히브리인이요 율법으로는 바리새인이요 열심으로는 교회를 박해하고 율법의 의로는 흠이 없는 자'라고 합니다. 바울이 자랑하는 것들은 종교 사회인 유대 사회에서 대단한 자랑거리였습니다. 그런 그가 예수님을 만나고 나서 그가 자랑했던 모든 것들을 다 해로 여겼고 잃어버렸으며 배설물로 여겼습니다. 그리스도가 너무나도 고상한 가치임을 알았기 때문입니다. 마치 호롱불을 켜고 살던 사람들이 전깃불을 켜고 살면 더 이상 호롱불을 켜고 살지 못하는 것과 같습니다.

1956년, 미국에서 명문 대학을 나온 다섯 명의 젊은이들이 한 번도 복음을 들어보지 못한 남미 에콰도르 밀림 속 원주민들에게 복음을 전하기 위해 들어갔습니다. 그러나 그들은 얼마 되지 않아 원주민들에게 모두 살해당하고 말았습니다. 이때 미국 언론은 '이게 무슨 낭비인가'라고 비판했습니다. 그러나 다섯 명의 선교사 가운데 한 사람인 짐 엘리엇 (Jim Eliot 1927-1956)의 일기장에서 이런 기록이 발견되었습니다. '영원한 것을 얻기 위해 영원하지 않는 것을 버리는 것은 결코 어리석은 일이 아니다.' 그들은 호신용 권총을 차고 있었지만 창에 찔려 죽어가면서도 끝내 그 권총을 사용하지 않았습니다. 왜냐하면 영원한 것을 얻기 위해 영원하지 않는 것을 버릴 줄 알았기 때문입니다.

흔히 우리 시대를 가치 상실의 시대라고 합니다. 무엇이 참된 가치인지를 모르고 사는 시대라는 말입니다. 젊은이들이 결혼을 기피하고 결혼해도 아이를 낳지 않고 주말이면 음식점을 찾아다니며 음식을 먹고 어디서 무얼 먹었다고 SNS에 올리기를 좋아합니다. 그것을 젊은이들이 누릴 수 있는 멋이라고 생각하는 것 같습니다. 그러나 그것이 과연 젊은이들에게 최고의 가치가 될 수 있는 일인지 깊이 생각해 보아야 합니다. 그 무엇과도 바꿀 수 없는 가치는 하나님의 나라 천국을 얻는 것이고 영생을 얻는 것입니다.

프랑스 루브르 박물관은 로마의 바티칸 박물관과 영국 대영 박물관과 함께 세계 3대 박물관 중 하나입니다. 거기에는 세계적인 명화들이 걸려 있습니다. 어떤 그림에는 가격표가 붙어 있기도 합니다. 그러나 어떤 그림은 아예 'priceless', 너무 귀해서 가격조차 매길 수 없다고 표시된 그림도 있습니다. 그중 하나가 르네상스 시대를 대표하는 이탈리아 예술가 레오나르도 다빈치(Leonardo da Vinci, 1452년 4월 15일~1519년 5월 2일)가 그린 '모나리자'입니다. 그럼에도 프랑스 정부가 이 그림의 경제적 가치를 환산해 보았더니 작게 잡아도 2조원 많게 잡으면 40조원에 달할 것이라고 했습니다. 그렇게 추산한 근거로 루브르 박물관의 방문객 수가 연간 1,000만 명인데 이 중 대부분의 사람들이 반드시 보아야 할 그림으로 모나리자를 꼽기 때문입니다.

그러나 천국은 이런 모나리자 그림과도 비교가 안 될 정
도로 소중한 가치입니다. 그래서 우리의 생명을 바쳐서라도
반드시 사야 할 것이 천국입니다.

조지 베버리 쉐아(George Beverly Shea)는 전설적인 복음
성가 가수이고 명예의 전당에도 오른 인물입니다. 빌리 그
래함 목사의 동역자가 되어 전도 집회에서 찬송과 간증으로
복음을 전하기도 했습니다. 그러나 그는 젊은 시절 생활이
어려워 대학을 중퇴하고 보험회사에 다닌 적이 있었습니다.
그러다 미국 NBC 방송국에서 개최하는 음악 콩쿠르에 나가
게 되었고, '가라! 모세'라는 복음성가를 불러 대상을 받았고
기획사들은 그에게 대중가요 가수로 활동해 보지 않겠느냐
며 제안하기도 했습니다. 성공과 출세, 부자가 될 기회 앞에
놓이게 된 것입니다.

그러나 그는 이미 주님께 헌신하기로 결단한 후였습니다.
그래도 갈등하고 있는 그에게 그의 어머니는 평소 애송하던
시를 건넸고 쉐어는 그 시에 곡을 붙여 노래를 만들었습니
다. 그 노래는 우리가 부르는 찬송가에도 수록되었는데 찬
송가 94장입니다.

주 예수보다 더 귀한 것은 없네 이 세상 부귀와 바꿀 수 없
네 영 죽은 내 대신 돌아가신 그 놀라운 사랑 잊지 못해 세
상 즐거움 다 버리고 세상 자랑 다 버렸네 주 예수보다 더
귀한 것은 없네 예수 밖에는 없네

농부가 보화를 발견한 곳은 밭이었습니다. 주석가들은 보화를 발견한 밭을 교회라고 해석합니다. 보화를 캐려면 보화가 묻힌 곳에 가야 하듯 천국을 발견하기 위해 우리는 교회 안에 있어야 합니다. 물론 보화가 묻힌 곳에 간다고 다 보화를 발견하는 것은 아닙니다. 땅을 파다가 보화를 발견하듯이 신령과 진정으로 예배하고 진지함으로 말씀을 듣고 배우며 성령 충만을 위해 간절히 기도하고 봉사의 삶을 살고 복음을 전파하는 삶을 살면서 우리는 예수님을 알게 되고 천국을 발견하게 됩니다.

신앙생활은 세상의 것을 얻기 위함이 아니라 천국을 소유하는 데 있습니다. 세상의 것을 얻기 위해 신앙생활 하다 보면 세상의 것을 얻지 못할 때 낙심하게 됩니다.

예수님 당시 많은 사람들이 예수님을 따르다가 예수님을 떠난 것은 예수님을 통해 세상의 것들을 얻고자 했기 때문입니다. 물론 우리가 예수를 믿고 따르면 세상의 것도 얻고 형통한 삶도 살 수 있습니다. 그러나 그것은 부수적인 복이지 신앙의 목표는 아닙니다.

신앙의 목표는 보화가 되시고 진주가 되신 예수님을 얻는 것이고 천국을 얻는 것입니다. 영생을 얻는 것입니다. 이 세상의 것들은 영원하지 않습니다. 그러나 천국은 영원합니다. 우리는 잠시 있다 사라질 이 세상의 것이 아닌 영원한 천국을 소유하기 위해 신앙생활을 합니다.

셰익스피어는 '장난감 하나를 얻기 위해 내 영혼을 팔아서는 안 된다.'고 했습니다. 이 세상의 것들은 장난감처럼 우리의 호기심을 자극하지만 곧 싫증을 자아내게 하는 유한한 것들입니다. 그러나 예수님과 천국은 영원한 것들입니다. 우리는 세상의 것을 잃어도 예수님을 얻고 천국을 얻는 자들이 되어야 합니다.

하
나
님

나
라
와

그
물

또 천국은 마치 바다에 치고 각종 물고기를 모는
그물과 같으니 그물에 가득하매 물 가로 끌어 내고
앉아서 좋은 것은 그릇에 담고 못된 것은 내버리느니라
세상 끝에도 이러하리라 천사들이 와서
의인 중에서 악인을 갈라 내어 풀무 불에 던져
넣으리니 거기서 울며 이를 갈리라

마태복음 13:47-50

마태복음 13장엔 천국에 대한 일곱 가지 비유가 소개되고 있
는데 그물 비유는 마지막 비유입니다. 이 비유는 하나님의
나라가 어떻게 완성되는가를 보여주는데, 하나님의 나라는
심판으로 완성된다고 말씀하십니다.

또 천국은 마치 바다에 치고 각종 물고기를 모는 그물과 같
으니 그물에 가득하매 물가로 끌어내고 앉아서 좋은 것은
그릇에 담고 못된 것은 내버리느니라 (마 13:47-48)

천국은 마치 바다에 치고 각종 물고기를 모는 그물과 같
다고 합니다. 그물에 고기가 가득 차면 그물을 물가로 끌어

내어 좋은 것은 그릇에 담고 못된 것은 버린다고 합니다. 이런 풍경은 갈릴리 호수 해안에서 흔히 볼 수 있는 풍경이었기에 예수님께서 이 말씀을 하셨을 때 제자들은 이 말의 의미가 무엇인지 너무나도 잘 이해했을 것입니다. 제자들 상당수가 어부 출신이었기 때문입니다. 이 비유를 이해하기 위해서는 네 단어를 주목할 필요가 있습니다. 바다, 물고기, 어부, 그물입니다. 주석가 존 라일(John Charles Ryle,1816~1900)은 바다는 세상을 상징하고 물고기는 세상에 살고 있는 사람들을 상징하며 어부는 예수님을 상징하고 그물은 복음과 복음을 전하는 교회를 상징한다고 해석했습니다. 어부는 그물을 던져 고기를 잡은 다음 좋은 고기는 바구니에 담고 나쁜 고기는 버립니다. 세상이라는 바다에서 예수님과 제자들은 사람을 낚는 어부의 일을 하였습니다. 그리고 이 일을 우리 교회에도 맡기셨습니다. 그러므로 교회는 부단히 사람 낚는 어부의 사명을 감당해야 합니다.

그리고 이 비유에서 우리가 발견해야 할 진리가 있습니다. 교회는 좋은 고기도 있고 나쁜 고기도 있을 수 있기 때문에 완전한 공동체가 될 수 없다는 사실입니다. 세상 사람들은 '교회가 뭐 저러냐?'며 교회를 욕하고 비방합니다. 그러나 고기를 잡는 그물에 좋은 고기도 잡히고 나쁜 고기도 잡히듯 교회 안에는 다양한 사람들이 모입니다. 교회 안에 있다고 해서 다 천국 백성만 모이지 않는다는 것입니다. 이스라엘 백성이 출애굽 할 때도 이스라엘 백성만 나오지 않고 다

른 인종도 섞여서 나왔습니다. 그리고 섞여 있는 사람들이
불평과 원망을 늘어놓았습니다.

> 그들 중에 섞여 사는 다른 인종들이 탐욕을 품으매 이스라
> 엘 자손도 다시 울며 이르되 누가 우리에게 고기를 주어 먹
> 게 하랴(민 11:4)

이스라엘 백성 가운데 섞여 사는 다른 인종이 탐욕을 부
리며 원망하고 불평하자 그것이 이스라엘 자손에게도 전염
되어 그들도 '누가 우리에게 고기를 주어 먹게 하랴' 하며 울
면서 원망했다는 것입니다. 그물 안에 좋은 고기, 나쁜 고기
가 섞여 있듯이 교회 안에도 천국 백성과 천국 백성이 아닌
사람이 섞여 있습니다. 심지어 진짜 목사도 있고 가짜 목사
도 있습니다. 그러나 가짜를 갈라 내겠다고 성급하게 행동
하는 것은 조심해야 합니다. 가라지 비유에서도 종들이 밭
에서 가라지를 발견하고 '우리가 가서 가라지를 뽑을까요?'
라고 주인에게 물었을 때 주인은 '추수 때까지 두어라. 가라
지를 뽑다가 곡식까지 뽑을까 염려된다'고 하였습니다.

영국의 스펄존 목사님에게 한 청년이 찾아와 자신이 다
니고 있는 교회의 문제점을 말하며 좋은 교회를 추천해 달
라고 부탁했답니다. 목사님은 그 형제에게 형제가 찾는 좋
은 교회는 어떤 교회냐고 물었더니 그는 열 가지나 되는 항
목들을 열거했답니다. '사랑과 진리가 충만한 교회, 성자 같

은 목회자가 있는 교회, 가족 같은 친밀함이 있는 교회, 초대
교회와 같이 자기의 것을 나누는 교회, 마음을 만져주고 눈
물을 닦아 주는 교회, 꿀송이처럼 달고 오묘한 말씀으로 설
교하는 설교자가 있는 교회' 등등. 청년의 말을 듣고 있던 스
펄존 목사님은 '그런 교회를 찾거든 나에게도 소개해 주세
요 나도 그런 교회의 담임목사가 되고 싶네요.'라고 말했습
니다. 그리고 떠나가는 청년에게 목사님은 '형제가 혹 그런
교회를 찾거든 형제는 그 교회의 교인이 되지 않았으면 좋
겠네요. 형제 때문에 그 교회의 완전함이 깨어질지 모르니
까요'라고 조언했답니다. 지상의 교회는 어떤 교회도 완전하
지 않습니다. 알곡과 가라지가 섞여 있고 좋은 고기와 나쁜
고기가 섞여 있기 때문입니다. 그러나 좋은 고기와 나쁜 고
기가 분리되는 날이 옵니다.

92

> 세상 끝에도 이러하리라 천사들이 와서 의인 중에서 악인
> 을 갈라 내어 풀무 불에 던져 넣으리니 거기서 울며 이를
> 갈리라(마 13:49-50)

　세상 끝날 천사들이 와서 의인 중에서 악인을 갈라 내어
풀무 불에 던져 넣으리니 거기서 울며 이를 갈게 된다고 합
니다. 여기 세상 끝날이 있다고 합니다. 그날은 예수님이 오
심으로 있을 심판의 날입니다. 그런데 세상 끝날이 오기 전
에도 내게 끝날이 올 수 있습니다. 그리고 끝날은 언제 어떻

게 올지 아무도 모릅니다. 그래서 우리는 내 인생에 찾아올 끝날을 준비하며 살아야 합니다. 이번 튀르키예에 일어난 지진(2023년 2월7일)은 누구도 예측하지 못한 날 새벽 시간에 일어났습니다. 그래서 인명 피해가 더 컸습니다. 많은 사람이 집에서 잠을 자다가 변을 당했습니다. 지진 직후 며칠 사이에 공식적으로 확인된 사망자만 21,000명이 넘었습니다.

하나님은 구원의 하나님이지만 심판의 하나님이기도 합니다. 알곡과 가라지를 갈라 내고 좋은 고기와 나쁜 고기를 구분합니다. 하나님은 구원도 하지만 심판도 하십니다. 심판이 있기에 구원의 은총이 큽니다. 하나님은 우리의 믿음이 진짜인지 거짓 믿음인지 심판하시고 우리가 하나님 보시기에 어떤 삶을 살았는지 심판하십니다. 그래서 우리는 심판의 날을 의식하며 살아야 합니다. 이런 사람은 실패하는 인생을 살지 않을 것입니다. 투자하는 분들은 현재만 보지 않고 미래를 보고 투자합니다. 신앙생활도 마찬가지입니다. 오늘만 보고 신앙생활 하는 사람은 좋은 신앙인이 되기 어렵습니다. 끝을 볼 줄 알아야 합니다. 구원의 날이 있고 심판의 날이 있음을 믿음으로 보면서 신앙생활 해야 합니다.

그날 천사들이 하나님의 명령에 따라 의인 중에서 악인을 갈라 내어 풀무 불에 던져 넣으리니 거기서 울며 이를 갈게 된다고 말씀합니다. 그물 안에 있다고 해서 다 좋은 고기가 아니듯 교회 안에 있다고 해서 다 구원받은 백성이 아니라는 것입니다. 교회 안에도 풀무 불에 던져질 사람들이 있다는 것입니다. 그들은 풀무 불에 던져져 슬피 울며 이를 갈게 된다고 합니다. 그들이 받게 될 심판이 가혹함을 나타낸 말입니다. 그래서 우리는 이런 비극을 겪지 않기 위해 자신의 영적 상태를 점검하며 늘 깨어 있어야 합니다. 그럼 좋은 고기와 나쁜 고기는 어떻게 다릅니까? 좋은 고기는 예수님을 주인 삼고 주님의 다스림에 굴복하며 주의 말씀에 순종하며 사는 자입니다. 그러나 나쁜 고기는 예수님을 주인으로 인정하지 않고 자신이 주인이 되어 사는 사람입니다. 예수님이 이 비유를 말씀하신 것은 나쁜 고기의 운명을 선고하기 위함이 아닙니다. 좋은 고기가 되라고 하신 말씀입니다. 예수님을 주인으로 모시고 주님의 다스림에 순종하며 사는 사람은 얼마든지 좋은 고기가 될 수 있습니다. 그래서 내가 교회 안에 있다는 것은 은혜 안에 있는 것입니다. 그래서 성경은 지금은 은혜받을 만한 때요. 지금은 구원의 날이라고 합니다. 얼마든지 내 영적 상태를 바꿀 수 있고 그래서 내 운명을 바꿀 수 있다는 뜻입니다.

그러나 은혜의 시대는 언제까지나 계속되지 않습니다. 은혜의 문이 닫힐 때가 옵니다. 예수님은 마태복음 25장에서 신랑을 기다리는 열 처녀 비유를 통해 천국은 마치 등을 들고 신랑을 맞으러 나간 열 처녀와 같다고 하십니다. 미련한 처녀는 등을 가지되 여분의 기름을 준비하지 않았고 슬기로운 처녀는 등과 함께 여분의 기름을 준비했습니다. 그런데 신랑이 예상보다 늦게 오는 바람에 신랑이 올 때쯤 되어 여분의 기름을 준비하지 않는 처녀들은 기름이 떨어져 신랑을 맞이하지 못했고, 뒤늦게 기름을 구하러 간 사이에 신랑이 왔고 그들이 왔을 때는 혼인 잔칫집 문이 닫혔고 더 이상 문이 열리지 않았습니다. 이 비유가 우리에게 주는 교훈은 언제나 천국을 소유할 기회가 있는 것은 아니라는 것입니다. 그래서 예수님은 이 비유를 소개하며 '깨어 있으라. 너희는 그날과 그때를 알지 못하느니라.'라고 말씀하셨습니다.

교회는 누구나 올 수 있고 누구나 와야 합니다. 그러나 교회 안에 있다고 해서 누구나 구원이 보장되는 것은 아닙니다. 알곡이 되어야 하고 좋은 고기가 되어야 합니다. 교회 안에 있다는 것은 변화될 수 있는 은혜 가운데 있는 것입니다. 일제 강점기 나라 잃은 설움을 안고 술로 울분을 달래며 사는 젊은이가 있었습니다. 하루는 밤에 술을 마시고 집으로 가는데 환하게 불을 밝힌 곳이 있었습니다. 술기운에 새로 개업한 술집인가 하여 들어가 보았더니 분위기가 이상했습니다. 부흥강사 이성봉 목사님이 강사로 와서 부흥회를 인도하고 있는 교회당이었습니다. 젊은이는 뒷자리에 앉았습니다. 강사 목사님이 '오늘 말씀 듣고 예수 믿을 사람 일어나라'고 하니까 그는 술기운에 일어나라는 말만 듣고 벌떡 일어났습니다. 그리고 목사님이 따라서 기도하라고 하니까 그는 목사님을 따라 예수님을 영접하는 기도를 했습니다. 그렇게 그는 술기운에 영문도 모르고 예수님을 영접하는 기도를 하고 집으로 돌아왔습니다.

그런데 다음 날 아침 눈을 뜨고 어젯밤에 있었던 일을 희미하게 생각하는데 왠지 마음에 부담이 되었습니다. '그래도 내가 청주 한씨 양반집 사람인데 아무리 술김에 한 약속이라지만 하늘에 계신 분한테 약속을 하고는 약속을 지키지 않으면 되겠는가?' 싶었습니다. 그래서 스스로 교회에 나가 말씀을 들으며 진짜로 예수님을 영접하였습니다. 그리고 신실하게 신앙생활을 했고 새벽을 깨워 기도하며 새벽마다 눈물로 마룻바닥을 적셨습니다. 그는 한의학을 배웠는데 허준처럼 동네의 가난한 사람들을 치료해 주며 복음을 전하는 전도자가 되었고, 교회에서는 신실한 장로님이 되었습니다. 그의 집안과 후손들이 다 예수를 믿었고 주의 종들도 나왔습니다. 그중 한 사람이 온누리교회 부목사로 사역하다가 강남에서 새로운 교회를 개척한 한 홍 목사입니다.

교회 안에 있다는 것은 은혜 가운데 있는 것이며 나쁜 고기가 좋은 고기로 변화될 수 있는 환경에 있는 것입니다. 그리고 하나님의 은혜가 임하면 나쁜 고기도 얼마든지 좋은 고기가 될 수 있습니다. 사도 바울은 로마 교회 성도들에게 편지를 보내며 '너희는 하나님의 사랑을 받은 성도'라고 인사한 후 이렇게 말합니다.

나는 할 수 있는 대로 로마에 있는 너희에게도 복음 전하기를 원하노라(롬 1:15)

복음은 원래 예수를 믿지 않는 이방인들에게 전하는 것인데 바울은 로마 교회 성도들에게 다시 복음을 전하겠다고 합니다. 교회 안에도 다시 복음을 들어야 할 사람들이 있음을 알고 있었기 때문입니다. 이 글을 읽고 있는 여러분은 어떠합니까? 예수님을 만났습니까? 예수님을 나의 구주시며 나의 왕으로 믿고 받아들였습니까? 주님께서 말씀하시면 순종하는 사람입니까? 예수 안에서 내가 죽고 내 안에 그리스도가 살아계십니까? 그러나 온전하지 못해도 낙심하지 않기 바랍니다. 하나님의 은혜로 얼마든지 좋은 고기가 될 수 있기 때문입니다. 교회 안에 있고 예배의 자리에 있고 말씀을 듣고 성도의 교제 속에서 있다는 것은 우리가 하나님의 은혜 가운데 있다는 뜻입니다. 그래서 변화될 수 있습니다.

우리가 밤에 운전을 할 때 때로는 헤드라이트를 켜지 않고 운전하는 경우가 있습니다. 도로의 가로등이 너무 밝고 다른 차량의 불빛 때문에 내 차에 헤드라이트를 켜지 않아도 모르고 운전을 하는 것입니다. 신앙생활도 이렇게 할 수 있습니다. 교회 생활하며 은혜 가운데 사는 사람들과 함께 어울리면서 내가 은혜의 불을 켜고 살고 있다고 착각하는 것입니다. 실상 내 안에 예수가 없고 말씀이 없고 순종이 없지만 교회 안에서 은혜 가운데 사는 사람들과 어울리면서 자신을 은혜의 사람이라고 착각하는 것입니다. 우리는 착각 속에 살지 않도록 나를 점검해야 합니다.

교회는 그물입니다. 다양한 고기들이 모여 있습니다. 그물이 해안가로 끌어올려지면 좋은 고기와 나쁜 고기가 분류되게 됩니다. 양과 염소가 갈라지고 착하고 충성된 종과 악하고 게으른 종이 갈라집니다. 신랑 되신 예수님을 기다리며 기름을 준비한 지혜로운 처녀와 영적인 잠을 자다가 기름을 준비하지 않은 미련한 처녀로 갈라집니다. 그날 풀무불에 던져져 슬피 울며 이를 가는 사람들이 있게 됩니다. 사람들은 사랑의 하나님이 어떻게 지옥을 만들 수 있느냐고 묻기도 합니다. 그러나 C. S 루이스는 천국이 없고 지옥이 없다면 하나님의 속성을 설명할 수 없다고 말합니다. 천국이 없다면 하나님의 사랑이 설명되지 않고 지옥이 없다면 하나님의 공의가 설명되지 않는다는 것입니다. 믿음을 지키며 평생을 말씀을 따라 산 사람에게 천국이 없다면 그 하나님도 없다는 것입니다. 하나님의 '주인 되심'을 거부하고 자기 뜻대로 살며 악을 행한 사람에게 지옥이 없다면 하나님이 없는 것입니다. 하나님이 살아 계시고 인격적인 분이라면 반드시 천국과 지옥이 있어야 한다는 것입니다.

조심스러운 이야기지만 지금 우리가 사는 시대는 주님이 그물을 당길 시간이 다가오고 있는 것 아닌가 하는 현상들이 일어나고 있습니다. 세상이 너무나도 험하고 악합니다. 대부분의 뉴스는 좋은 뉴스가 아니라 나쁜 뉴스입니다. 인간성을 상실한 범죄들이 판을 치고 있습니다. 홍수로 세상을 심판했던 노아 시대처럼 죄악이 가득합니다. 세속화의 거대한 물결이 지구촌을 쓰나미처럼 휩쓸고 있고 하나님의 존재를 부정하고 인간이 신이 되는 인본주의가 성행하고 있습니다. 가정의 붕괴, 도덕적 타락, 성적 타락이 극에 달하고 있습니다. 과학자들도 인류의 종말이 멀지 않았다고 말합니다. 어떻게 해야 합니까? 정신을 차려야 합니다. 주님께 돌아가야 합니다. 예수님을 나의 구주, 나의 왕으로 모시고 주님의 주권 앞에 무릎 꿇어야 합니다. 교회 안에 있다는 것은 은혜입니다. 주님을 만날 기회 앞에 있기 때문입니다. 그러나 교회 안에 있다는 자체가 나의 안전을 보장하지는 못합니다. 반드시 예수님을 나의 구주, 나의 왕으로 받아들이고 주님의 다스림에 순종하는 자가 되어야 합니다.

하나님 나라와 좁은 문

좁은 문으로 들어가라
멸망으로 인도하는 문은 크고 그 길이 넓어
그리로 들어가는 자가 많고
생명으로 인도하는 문은
좁고 길이 협착하여 찾는 자가 적음이라

마태복음 7:13-14

'좁은 문으로 들어가라', 이 말씀은 마태복음 5장에서 7장까지 이어지는 산상수훈의 결론에 해당하는 말씀입니다. 예수님은 산상에서 주옥같은 말씀을 하신 후 너희는 좁은 문으로 들어가고 좁은 길로 가라고 하십니다. 좁은 문 좁은 길이참 생명의 길이기 때문입니다. 그럼 좁은 문 좁은 길로 간다는 것은 무슨 의미일까요? 그것은 앞에서 말씀하신 말씀을따라 살라는 뜻입니다.

산상수훈의 주제는 '하나님의 나라'입니다. 예수님은 하나님 나라 백성이 지녀야 할 성품과 하나님 나라 백성이 어떻게 살아야 하는지 말씀하셨습니다. 산상수훈은 8가지 복을 말씀하심으로 시작됩니다. 심령이 가난한 자는 복이 있나니 천국이 그들의 것이라고 합니다. 심령이 가난한 사람은 자신에게 의지할 것이 아무것도 없음을 알고 하나님을 전적으로 의지하는 자입니다. 이런 사람에게는 천국이 임한다고 합니다. 애통하는 자는 복이 있나니 저희가 위로를 받을 것이라고 합니다. 죄에 대해 슬퍼하고 자신의 연약함을 인하여 우는 자들에게 하나님의 위로가 임한다는 것입니다. 온유한 자가 복이 있나니 땅을 기업으로 받을 것이라고 합니다. 온유한 자가 땅을 차지한다는 것은 온유한 사람이 결국 최후의 승자가 된다는 뜻입니다.

의에 주리고 목마른 자가 복이 있나니 저희가 배부를 것이라고 합니다. 진리를 따라 살게 된다는 것입니다. 긍휼히 여기는 자는 복이 있나니 긍휼히 여김을 받을 것이라고 합니다. 사람을 대할 때 불쌍히 여기는 마음으로 대하는 자는 자기도 긍휼히 여김을 받게 된다는 것입니다. 마음이 청결한 자는 복이 있나니 하나님을 볼 것이라고 합니다. 마음이 청결한 자는 마음이 순수하고 깨끗한 사람입니다. 이런 사람의 마음에 하나님께서 임재하십니다. 화평케 하는 자는 복이 있나니 하나님의 아들이라 일컬음을 받을 것이라고 합니다. 하나님의 자녀는 불화를 조성하는 자가 아니라 평화를 조성하는 사람입니다. 의를 위해 박해를 받는 자는 복이 있나니 하늘에서 상이 크다고 합니다. 복음 때문에, 예수님 때문에 핍박을 받는 자는 하늘에서 상을 받게 된다는 것입니다.

세상 사람들은 사회적 지위가 높고 소유가 많은 사람을

복 받았다고 합니다. 그러나 예수님은 하나님의 성품을 소유한 사람을 복된 자라고 합니다. 그런데 하나님의 성품은 죄성을 가진 우리로서는 간직하기가 쉽지 않은 좁은 문이요 좁은 길입니다. 예수님은 '너희는 세상에서 소금과 빛이 되라'고 합니다. 착한 행실을 통해 하나님께 영광을 돌리라는 것입니다. 우리의 착한 행실을 통해 세상에서 빛과 소금이 된다는 것은 쉬운 일이 아닙니다. 자기 부인 없이 빛이 될 수 없고 소금이 될 수 없습니다. 좁은 문 좁은 길입니다.

예수님은 형제에게 노하고 욕하며 비난하는 자는 심판을 받게 된다고 말씀합니다. 그래서 하나님께 예물을 드리러 갈 때 형제에게 원망 들을 만한 일이 생각나거든 예물을 제단 앞에 두고 먼저 가서 형제와 화해하고 와서 예물을 드리라고 합니다. 간음하지 말라는 말을 들었으나 마음에 음욕을 품는 자는 이미 간음한 자라고 합니다. '네 눈이 범죄하게 하거든 빼어버리고 네 손이 범죄하게 하거든 찍어 버리라'고 합니다. 온몸이 성해서 죄를 짓다가 지옥에 던져지는 것보다 지체 중 하나를 잃더라도 천국에 가는 것이 낫다고 하십니다. '누가 네 오른편 뺨을 때리면 왼편도 돌려대고 네 속옷을 갖고자 하면 겉옷까지 주라'고 하십니다. '억지로 오 리를 가게 하면 십 리까지 동행해 주고 네게 구하는 자에게 주고 꾸고자 하는 자에게 거절하지 말라'고 하십니다. '원수를 사랑하며 너희를 박해하는 자를 위하여 기도하라'고 합니다. 이것이 하나님 백성의 삶이라고 합니다. 확실히 좁은 문이요 좁은 길입니다. 그러나 이 길이 하나님 나라 백성이 사는 길이고 생명의 길이라고 말씀하십니다.

'너희는 사람에게 보이려고 의를 행치 말라'고 하십니다. 이런 사람은 이미 상을 받았기에 하나님 아버지로부터 상 받을 생각을 하지 말라고 하십니다. '구제할 때 오른손이 하는 것을 왼손이 모르게 하고 기도할 때 사람에게 보이려고 기도하지 말며 골방에 들어가 문을 닫고 은밀한 중에 계신 네 아버지께 기도하라'고 하십니다. '너희를 위하여 땅에 보물을 쌓지 말고 하늘에 쌓으라'고 하십니다. 땅에 쌓은 보물은 좀과 녹이 슬고 도둑이 구멍을 뚫지만 하늘에 쌓은 보물은 좀이나 녹이 해하지 못하며 도둑이 구멍을 뚫지도 못한다고 합니다. 한 사람이 두 주인을 섬기지 못하리니 하나님과 재물을 겸하여 섬기지 못할 것이라고 합니다. '너희는 무엇을 먹을까 무엇을 마실까 몸을 위하여 무엇을 입을까 염려하지 말고 오직 그의 나라와 그의 의를 먼저 구하라'고 합니다. 비판하지 말라고 합니다. '너희가 비판하는 비판으로 너희도 비판을 받을 것'이라고 합니다. '어찌 형제의 눈 속에 있는 티는 보고 네 눈 속에 있는 들보는 깨닫지 못하느냐? 먼저 네 눈 속에 있는 들보를 빼라'고 합니다. 그래야 형제의 눈 속에 있는 티를 빼게 될 것이라고 합니다. 그리고 말씀하십니다.

좁은 문으로 들어가라 멸망으로 인도하는 문은 크고 그 길이 넓어 그리로 들어가는 자가 많고 생명으로 인도하는 문은 좁고 길이 협착하여 찾는 자가 적음이라(마 7:13-14)

'좁은 문으로 들어가라 멸망으로 인도하는 문은 크고 그 길이 넓어 그리로 들어가는 자가 많지만 생명으로 인도하는 문은 좁고 길이 좁아 찾는 자가 적다'고 합니다. 그러나 이렇게 살아야 할 이유는 이것이 천국 백성의 삶이고 생명의 길이기 때문입니다. 죄성을 가진 우리로서는 쉬운 길이 아닙니다. 그래서 좁은 문 좁은 길이요 찾는 사람도 적습니다. 그러나 이 길을 가야 할 이유는 이 길이 생명의 길이기 때문입니다. 예수님 당시 예루살렘에는 8개의 성문이 있었다고 합니다. 그 성문들은 다 크고 넓어 출입하는 데 불편이 없고 많은 사람이 드나드는 문이었습니다. 그러나 많은 사람들이 드나드는 성문은 밤이 되면 성의 안전을 위해 닫힙니다. 그리고 불가피하게 성을 출입해야 하는 사람들을 위해 작은 비상문을 만들었는데 그 문은 좁아서 말을 타거나 짐을 들고 드나들 수 없는 문입니다. 말씀을 따라 사는 길이 이 좁은 문으로 들어가는 것과 같다는 것입니다. 쉽지 않은 길입니다. 그래서 찾는 이도 적습니다. 그러나 이 좁은 문 좁은 길이 하나님의 백성이 가야 할 길이고 참생명의 길이라고 말씀하십니다.

이 말씀을 하신 후 예수님은 거짓 선지자들을 삼가라고 하십니다. 거짓 선지자들은 양의 옷을 입고 있지만 속에는 노략질하는 이리라고 합니다. 겉과 속이 다르다는 말입니다. 거짓 선지자들은 남을 속이기 위해 겉을 꾸미는 것입니다. 그럼 이런 거짓 선지자들을 어떻게 분별합니까? 그들의 열매로 알 수 있다고 합니다. 좋은 나무는 좋은 열매를 맺고 나쁜 나무는 나쁜 열매를 맺습니다. 여기서 열매란 그들의 성품과 행실을 말합니다. 좋은 열매를 맺는다는 것은 가르치는 자가 가르치는 대로 사는 것을 말하고, 나쁜 열매를 맺는다는 것은 가르치는 자들이 자신이 가르친 대로 살지 않는 것을 말합니다. 이것이 참 선지자와 거짓 선지자의 차이이고 진짜 신자와 거짓 신자의 차이입니다. 그래서 예수님은 이렇게 말씀합니다.

나더러 주여 주여 하는 자마다 다 천국에 들어갈 것이 아니요 다만 하늘에 계신 내 아버지의 뜻대로 행하는 자라야 들어가리라(마 7:21)

예수님에게 주여 주여 한다고 다 천국에 들어가는 것이 아니고 하늘에 계신 아버지의 뜻대로 행하는 자라야 들어간다고 합니다. 천국 백성은 입술의 고백으로 증명되는 게 아니라 하나님 아버지의 뜻대로 사는 순종으로 증명되어야 한다는 것입니다. 그런데 하나님의 뜻대로 행하는 것은 쉬운 길이 아닙니다. 좁은 문 좁은 길입니다. 그러나 그 길을 가야 할 이유는 그 길이 천국 백성의 삶이고 참생명의 길이기 때문입니다.

독일의 순교자 본 회퍼는 값싼 은혜를 경계했습니다. 값싼 은혜란 하나님의 은혜를 헐값으로 취급하는 것을 말합니다. 우리는 하나님의 은혜로 구원받았습니다. 우리가 은혜로 구원받았다고 해서 구원이 가치 없다는 뜻이 아닙니다. 너무나도 고귀한 하나님의 선물입니다. 그래서 구원의 은혜를 아는 사람은 아무렇게나 살지 않습니다. 우리가 은혜로 구원받았다고 하며 아무렇게나 살고 있다면 그것은 하나님의 은혜를 값싼 것으로 대하는 것입니다. 하나님은 우리에게 구원의 은혜를 베풀기 위해 당신의 외아들을 우리 대신 희생시키셨습니다. 값비싼 대가를 지불하신 것입니다. 그래서 우리가 받은 은혜는 결코 값싼 은혜가 아닙니다. 하나님께서 독생자를 희생시킴으로 주신 은혜입니다. 이 은혜를 깨닫는 사람이라면 아무렇게나 살지 못합니다. 하나님이 베푸신 고귀한 은혜에 보답하는 삶을 살려고 할 것입니다. 그래서 기꺼이 좁은 문 좁은 길을 가려 합니다.

예수님은 산상수훈을 마무리하며 좁은 길을 가야 할 이유를 이해시키기 위해 두 가지 예를 들어 주셨습니다. 첫 번째 예는 이러합니다.

그날에 많은 사람이 나더러 이르되 주여 주여 우리가 주의 이름으로 선지자 노릇 하며 주의 이름으로 귀신을 쫓아 내며 주의 이름으로 많은 권능을 행하지 아니하였나이까 하

리니 그 때에 내가 그들에게 밝히 말하되 내가 너희를 도무
지 알지 못하니 불법을 행하는 자들아 내게서 떠나가라 하
리라(마 7:22-23)

그날 즉 주님의 심판 날에 많은 사람이 예수님께 와서 '주
여 주여 우리가 주의 이름으로 선지자 노릇 하며 주의 이름
으로 귀신을 쫓아내었으며 주의 이름으로 많은 권능을 행하
였다'고 보고합니다. 그런데 예수님은 너무나도 놀랍게 '내
가 너희를 도무지 모르겠다'고 하십니다. 이유는 그들이 불
법을 행했기 때문이라고 하십니다. 그들은 주의 이름으로
선지자 노릇을 했고 주의 이름으로 귀신을 내어 쫓았고 주
의 이름으로 능력을 행했는데 그들은 주의 말씀을 따라 살
지 않았다는 것입니다. 그래서 예수님은 '내가 너희를 모르
겠다'며 '나를 떠나라'고 하십니다. 우리의 참신앙은 사역이
나 봉사 직분으로 증명되는 게 아니라 주의 말씀을 따르는
순종으로 증명되어야 함을 말씀하신 것입니다.

두 번째 예는 이것입니다.

그러므로 누구든지 나의 이 말을 듣고 행하는 자는 그 집을
반석 위에 지은 지혜로운 사람 같으리니 비가 내리고 창수
가 나고 바람이 불어 그 집에 부딪치되 무너지지 아니하나
니 이는 주추를 반석 위에 놓은 까닭이요 나의 이 말을 듣
고 행하지 아니하는 자는 그 집을 모래 위에 지은 어리석은

두 사람이 집을 지었습니다. 한 사람은 반석 위에 지었고
또 한 사람은 모래 위에 지었습니다. 이 두 집의 차이가 무엇
인지 평소에는 잘 몰랐습니다. 그런데 어느 날 많은 비가 내
리고 홍수가 나서 많은 물이 두 집을 덮쳤습니다. 이때 반석
위에 지은 집은 홍수 앞에서도 끄떡하지 않고 버텼습니다.
그러나 모래 위에 지은 집은 흔적도 없이 쓸려가 버렸습니
다. 그런데 예수님은 모래 위에 지은 집은 하나님의 말씀을
듣고 행하지 않는 자이고, 반석 위에 지은 집은 하나님의 말
씀을 듣고 행한 자라고 말씀하십니다. 말씀을 듣고 행치 않
는 자와 행한 자가 어떻게 다른지 평상시에는 잘 모릅니다.
그러나 인생의 위기를 만나 보면 확연히 드러납니다.

　평상시 말씀을 듣고 말씀을 따라 사는 사람은 인생의 시
련이 닥쳐올 때 모든 문제를 말씀으로 이겨냅니다. 그러나
말씀을 들으나 말씀을 따라 살지 않는 사람은 인생의 시련
이 찾아오고 시험이 닥쳐올 때 믿음의 흔적을 찾기가 어렵
게 됩니다. 그러니까 인생의 시련과 시험은 내 믿음의 건강
성을 진단해 주는 영적인 건강검진과 같습니다. 문제와 시
련 앞에서 말씀을 따르지 않고 내 생각 내 감정을 따라 반응
하고 있다면 이 사람은 모래 위에 집을 지은 사람으로 평소
에 말씀을 따라 살지 않고 있는 사람입니다. 신앙의 집을 짓

는데 부실 공사를 한 셈입니다. 그러나 인생의 문제와 시련 앞에서 하나님의 말씀을 붙들고 견고하게 믿음을 지켜낸 사람은 평소 신앙의 집을 견고히 지은 사람입니다. 이 사람은 좁은 문 좁은 길을 가고 있는 사람입니다.

말씀을 들었지만 들은 말씀대로 행치 않던 사람이 있었습니다. 이스라엘의 초대 왕 사울이었습니다. 그는 남이 갖지 못한 것을 가졌습니다. 이스라엘의 초대 왕이 되었습니다. 남이 갖지 못한 영광을 가졌습니다. 그러나 그는 말씀대로 행하지 않았습니다. 그는 말씀을 버렸습니다. 그래서 하나님께서도 그를 버렸습니다. 그는 아말렉을 진멸하라는 하나님의 명령을 받았지만 하나님의 말씀을 따르지 않고 자신의 욕심을 따랐습니다. 그로 인해 하나님께 버림받는 왕이 된 것입니다. 야고보 사도가 말합니다.

> 너희는 말씀을 행하는 자가 되고 듣기만 하여 자신을 속이는 자가 되지 말라(약 1:22)

> 내 형제들아 만일 사람이 믿음이 있노라 하고 행함이 없으면 무슨 유익이 있으리요 그 믿음이 능히 자기를 구원하겠느냐(약 2:14)

> 네가 보거니와 믿음이 그의 행함과 함께 일하고 행함으로 믿음이 온전하게 되었느니라(약 2:22)

영혼 없는 몸이 죽은 것 같이 행함이 없는 믿음은 죽은 것
이니라(약 2:26)

믿음은 말씀에 대한 지적 동의나 깨달음이 아닙니다. 말
씀에 순종하는 것입니다. 그리고 우리가 말씀을 따라 살기
위해서는 성령의 도움을 받아야 합니다.

보혜사 곧 아버지께서 내 이름으로 보내실 성령 그가 너희
에게 모든 것을 가르치고 내가 너희에게 말한 모든 것을 생
각나게 하리라(요 14:26)

성령님은 우리에게 예수님이 하신 말씀이 무슨 뜻인지
가르쳐 주시고 또 우리가 예수님의 말씀을 따라 살도록 생
각나게 해 주십니다.

그러나 진리의 성령이 오시면 그가 너희를 모든 진리 가운
데로 인도하시리니(요 16:13)

성령은 진리의 영으로, 그가 오시면 우리를 모든 진리 가
운데로 인도하십니다. 진리 되신 그리스도에게로 인도하시
고 진리의 말씀으로 우리를 인도해 주십니다. 그래서 성령
을 따라 행해야 합니다.

내가 이르노니 너희는 성령을 따라 행하라 그리하면 육체의 욕심을 이루지 아니하리라 육체의 소욕은 성령을 거스르고 성령은 육체를 거스르나니 이 둘이 서로 대적함으로 너희가 원하는 것을 하지 못하게 하려 함이니라(갈 5:16-17)

성령을 따라 행하면 육체의 욕심을 이루지 아니할 것이라고 합니다. 육체의 소욕은 성령을 거스리고 성령의 소욕은 육체를 거스려 서로를 대적한다고 합니다. 그래서 우리가 육체의 소욕을 따라 살지 않기 위해서는 반드시 성령의 충만함을 받고 성령의 도움을 구해야 합니다. 이런 사람만이 천국의 삶이요 생명의 길인 좁은 문 좁은 길을 갈 수 있습니다.

하나님 나라와 용서

그 때에 베드로가 나아와 이르되 주여 형제가 내게
죄를 범하면 몇 번이나 용서하여 주리이까
일곱 번까지 하오리이까 예수께서 이르시되
네게 이르노니 일곱 번뿐 아니라
일곱 번을 일흔 번까지라도 할지니라

마태복음 18:21-22

114

남아공 출신의 성공회 대주교로 평생 조국의 인종차별을 위해 싸웠고 넬슨 만델라가 대통령이 된 후 과거사 청산을 위해 조직된 진실화해 위원회 위원장을 맡았던 데즈먼드 투투(Desmond Tutu)주교는 '우리의 조국에 용서가 없다면 미래도 없다'고 역설했고 '우리가 용서하지 않는다면 우리는 학대자의 노예가 될 뿐'이라며 용서를 강조했습니다. 그래서 가해자는 일정 기간 안에 자수하게 하였고 자신이 저지른 잘못을 공개적으로 자백하게 하였습니다. 그리고 그렇게 자신의 잘못을 인정하는 자들에게는 어떤 처벌도 보복도 하지 않았습니다. 그리고 그의 공로가 인정되어 그는 1984년 노벨 평화상을 수상하기도 했습니다.

지난 2018년 9월, 미국 텍사스 주의 앰버 가이거(Amber Guyger)라는 여성 경찰관이 퇴근하여 집에 들어갔는데, 집 안에 흑인 남자가 거실에 앉아 있는 것을 보고 순간 총을 쏴서 그를 살해했습니다. 그러나 총에 맞아 죽은 피해자 남자는 자기 집에서 텔레비전을 보고 있다가 변을 당한 것입니다. 피의자가 된 가이거 경찰관은 무언가를 골똘히 생각하다가 옆집을 자기 집으로 착각하고 들어갔다가 순간적인 실수로 남이 자기 집에 있다고 판단하고 총을 쏜 것입니다. 가이거 경찰관은 법정에서 10년 징역형을 선고받았습니다. 그런데 판결 공판이 벌어지던 재판정에 피해자 동생 브랜트 진(Brandt jean)이 참석했는데, 순간적인 착각으로 형을 죽인 가해자를 용서했고 포옹까지 해주었습니다. 그로 인해 한 시민단체는 가해자를 용서한 브랜트 진에게 2019년 용감한 도덕상을 수여하기도 했습니다.

그러나 나에게 피해를 입힌 자를 용서한다는 것은 생각만큼 쉬운 일이 아닙니다. 이근호 목사님이 쓴 〈약점과 불행이 삶 속에서 승화될 때〉라는 책을 보면 고백하기 쉽지 않은 가정사가 나옵니다. 목사님의 어머니는 아버지의 둘째 부인이었다고 합니다. 목사님이 태어났을 때 아버지는 이미 셋째 부인을 얻어 집을 나간 상태였습니다. 그리고 본부인의 큰아들은 자기 엄마가 당한 상처를 복수하기 위해 수시로 둘째 부인인 목사님 어머니를 찾아와 세간과 기물을 부수고 어머니를 구둣발로 차는 등 폭력을 행사했다고 합니다.

그럴 때면 어머니의 친구들에게 달려가 어머니를 도와달라고 울부짖곤 했답니다. 그리고 그런 날이면 부엌칼로 형을 찌르는 장면을 상상하며 살인의 의지를 불태우곤 했답니다. 그렇게 아버지에 대한 분노와 형에 대한 분노를 불태우며 아프고 불행한 어린 시절을 보냈습니다.

그러다 중학교 1학년 때 아버지가 세상을 떠났고 그 후로는 형도 나타나지 않았습니다. 시간이 흘러 청년 때 미국으로 이민을 가서 살면서 모든 것을 잊었고 과거도 사라진 줄 알았답니다. 그런데 누구에겐가 상처를 받으면 분노의 감정이 폭발하면서 자신이 받았던 상처보다 몇 배나 많은 상처를 상대에게 입히곤 했답니다. 이런 감정은 결혼을 하고 목사가 된 후에도 해결되지 않아 아내와 자녀들을 괴롭혔다고 합니다. 그리고 예수님의 십자가 사랑을 경험하고 나서야 어머니와 자신을 팽개친 아버지도, 어머니에게 무자비한 폭력을 행사한 이복형도 용서했다고 합니다. 하지만 여전히 잔불이 남아 때때로 자신을 괴롭힐 때가 있었다고 합니다. 그래서 이 분노와의 악연을 끊기 위해 그동안 아무에게도 말하지 못하고 숨겨왔던 이 이야기를 고백하게 되었다고 합니다. 저는 이 글을 읽으며 사람이 용서한다는 것이 얼마나 힘들고 어려운 일인가를 생각해 보았습니다. 그래서 용서가 얼마나 위대한 순종인가를 알 수 있었습니다.

영국의 시인이고 성공회 신부이던 조지 허버트(George Herbert)는 '용서하지 않는 사람은 자기가 지나가야 할 다리를 파괴하는 사람이다'라고 했습니다. 그러니까 용서하지 않고 사는 것은 결국 자기가 자기를 파괴하는 행위라는 것입니다. 대신 용서는 자기를 사랑하고 자기를 치료하는 길이라고 했습니다. 1세기 중엽 로마의 지성인이었고 네로 황제 시절 실질적인 통치자이던 세네카(Lucius Annaeus Seneca)는 '용서를 받으려면 내가 먼저 용서하라 용서는 사람이 할 수 있는 가장 아름다운 일이며 사람을 끌어당기는 가장 강력한 힘이다'라고 말했습니다. 마하트마 간디(Mohandas Karamchand Gandhi)는 '약한 자는 용서할 수 없다. 강한 자만 용서할 수 있다. 죄는 취소될 수 없다. 용서할 뿐이다'라는 명언을 남기기도 했습니다.

베드로가 예수님께 질문했습니다.

> 그 때에 베드로가 나아와 이르되 주여 형제가 내게 죄를 범하면 몇 번이나 용서하여 주리이까 일곱 번까지 하오리이까 예수께서 이르시되 네게 이르노니 일곱 번뿐 아니라 일곱 번을 일흔 번까지라도 할지니라 (마 18:21-22)

베드로는 '주여 형제가 내게 죄를 범하면 몇 번이나 용서하여 주리이까? 일곱 번까지 하리이까'라고 물었습니다. 일곱은 유대인들에게 완전 수입니다. 일곱 번까지 용서하면 완전히 용서한다는 의미가 담겨 있습니다. 그런데 예수님은 일곱 번만 아니라 일곱 번을 일흔 번까지라도 용서하라고 합니다. 이 말은 490번까지 용서하라는 말이라기보다 무한대의 용서를 말씀하신 것입니다. 용서의 진정한 의미는 수를 세면서 하는 용서가 아니라는 것입니다. 참된 용서는 그 어떤 것도 조건이 없어야 하고 끝없이 할 수 있는 용서여야 한다는 것입니다. 하나님께서 그렇게 우리를 용서하셨기 때문입니다. 그래서 천국 백성은 하나님이 우리를 용서한 것처럼 형제를 용서해야 한다는 것입니다. 그것을 실천한 분이 예수님입니다. 예수님은 십자가상에서 용서의 기도를 드렸습니다.

> 이에 예수께서 이르시되 아버지 저들을 사하여 주옵소서 자기들이 하는 것을 알지 못함이니이다 하시더라(눅 23:34)

'아버지 저들을 사하여 주옵소서 자기들이 하는 것을 알지 못함이니이다.' 이것이 자신을 조롱하고 때리고 모욕을 주며 십자가에 못 박아 생명을 앗아가는 자들을 위해 드린 기도였습니다. 그들이 자신의 죄를 인정했기 때문에 드린 기도가 아니었습니다. 원수를 향한 조건 없는 용서였습니다. 이것이 하나님의 용서입니다. 우리도 이와 같이 용서하라고 예수님은 말씀하신 것입니다. 그리고 이 가르침을 스데반 집사가 순종합니다. 스데반 집사가 성령이 충만하여 복음을 전하자 유대교 사람들이 스데반에게 돌을 던졌습니다. 스데반은 돌 세례를 받고 쓰러졌습니다. 그런데 스데반은 정신이 혼미한 가운데서도 자신에게 돌을 던져 생명을 앗아가는 원수들을 위해 예수님처럼 '저들의 죄를 사하여 주옵소서 자기들이 하는 것을 알지 못합니다'라고 용서의 기도를 했던 것입니다. 세상에 이보다 위대한 기도가 어디 있겠습니까?

예수님은 우리가 왜 용서의 삶을 살아야 하는가를 가르치기 위해 이야기 하나를 들려줍니다.

> 그러므로 천국은 그 종들과 결산하려 하던 어떤 임금과 같으니 결산할 때에 만 달란트 빚진 자 하나를 데려오매 갚을 것이 없는지라 주인이 명하여 그 몸과 아내와 자식들과 모든 소유를 다 팔아 갚게 하라 하니 그 종이 엎드려 절하며 이르되 내게 참으소서 다 갚으리이다 하거늘 그 종의 주인이 불쌍히 여겨 놓아 보내며 그 빚을 탕감하여 주었더니(마 18:23-27)

천국은 그 종들과 결산하려는 어떤 임금과 같다고 합니다. 임금은 자신에게 만 달란트 빚진 종을 불렀습니다. 한 달란트가 6천 데나리온으로 노동자 6천 일의 품삯이니 만 달란트는 얼마나 많은 돈이겠습니까? 이런 돈은 종의 신분으로서 갚을 수 없는 불가능한 액수입니다. 그러나 임금은 온 가족과 모든 소유를 팔아서라도 빚을 갚으라고 독촉했고, 종은 기다려 주시면 갚겠다고 대답합니다. 그러나 임금은

119

종의 신분으로서 갚을 수 없는 금액인 것을 알고 그 종을 불쌍히 여겨 전액을 탕감해 주었습니다. 임금이 이 종의 빚 일만 달란트를 탕감해 준 이유는 오직 하나, 불쌍히 여기는 사랑이었습니다. 사랑의 힘은 이렇게 크고 놀라웠습니다.

그런데 이야기는 여기서 끝나지 않습니다.

> 그 종이 나가서 자기에게 백 데나리온 빚진 동료 한 사람을 만나 붙들어 목을 잡고 이르되 빚을 갚으라 하매 그 동료가 엎드려 간구하여 이르되 나에게 참아 주소서 갚으리이다 하되 허락하지 아니하고 이에 가서 그가 빚을 갚도록 옥에 가두거늘 (마 18:28-30)

임금에게 만 달란트의 빚을 탕감받은 종은 자기에게 백데나리온 빚진 동료를 길에서 만났고 그의 목을 잡고 윽박지르며 빚을 갚으라고 요구했습니다. 100데나리온은 일만달란트에 비하면 60만 분의 1입니다. 자신이 탕감받은 빚에비하면 비교조차 안 되는 작은 돈입니다. 이 종은 그렇게 엄청난 빚을 아무런 조건 없이 탕감받았으면서도 자신이 탕감받은 빚의 60만 분의 일에 해당하는 작은 빚을 탕감해 주지않고 갚으라고 동료의 목을 잡고 윽박지르며 감옥에까지 가두고 만 것입니다.

이 이야기를 들으며 이 종에 대해 여러분은 어떤 감정이드나요? '뭐 이런 놈이 있어?' 하는 마음이 들 것입니다. 그 광경을 지켜보던 다른 동료들도 같은 마음이었던 것 같습니다. 그래서 그 종이 행한 일을 임금에게 알렸고 임금은 그 종을 다시 불렀습니다.

> 이에 주인이 그를 불러다가 말하되 악한 종아 네가 빌기에 내가 네 빚을 전부 탕감하여 주었거늘 내가 너를 불쌍히 여김과 같이 너도 네 동료를 불쌍히 여김이 마땅하지 아니하냐 하고 주인이 노하여 그 빚을 다 갚도록 그를 옥졸들에게 넘기니라(마 18:32-34)

주인은 그를 악한 종이라 부릅니다. 불쌍히 여겨 거액의 빚을 전부 탕감하여 주었는데도 소액의 빚을 진 동료를 불쌍히 여기지 않고 옥에 가두어 버리기까지 했기 때문입니다. 결국 주인은 노하여 그 빚을 갚도록 그 종을 옥졸들에게 넘겼습니다.

여기서 일만 달란트의 빚을 탕감해 준 임금은 하나님입니다. 그렇다면 일만 달란트의 빚을 탕감받은 종은 누구입니까? 우리 자신입니다. 우리는 우리의 힘으로는 도저히 갚을 길 없는 죄의 빚을 탕감받았습니다. 우리 모두 하나님께 일만 달란트의 빚을 탕감받은 것입니다.

그렇다면 내게 백 데나리온의 빚을 진 형제의 빚을 탕감해 주는 것 또한 마땅하지 않겠습니까? 내 힘으로 해결하기 힘든 죄를 용서받았다면 나도 내 형제의 작은 허물을 용서하는 것은 마땅할 것입니다. 그런데 우리는 일만 달란트의 죄를 용서받고도 백 데나리온의 형제의 허물을 용서하지 못해 힘들어합니다.

왜 이런 일이 일어날까요? 우리가 하나님께 용서받았다는 믿음의 확신과 하나님의 사랑을 경험하지 못했기 때문일 것입니다. 내가 하나님 앞에 얼마나 큰 죄인이었고 내가 하나님께 용서받은 그 하나님의 사랑이 얼마나 크고 놀라운 것인지 안다면, 내 형제의 작은 허물을 마땅히 용서할 수 있을 겁니다. 여러분에게 용서해야 할 형제가 있다면 내가 하나님께 받은 일만 달란트의 용서를 기억하며 형제의 백 데나리온의 허물을 용서하기로 다짐하기 바랍니다.

우리는 다 하나님께 일만 달란트의 죄를 용서받은 자들입니다. 값없이 조건 없이 용서받아 죄인이 의인이 되었고 마귀의 자식이었던 우리가 하나님의 자녀가 되었습니다. 지옥 백성이 천국 백성이 되었습니다. 이런 엄청난 은혜를 우리가 하나님께 받았습니다. 이런 사랑을 받았기에 우리도 형제의 허물을 용서하라는 것이 오늘 주님께서 우리에게 주신 말씀입니다.

우리가 용서하는 데 힘들어하는 또 하나의 이유가 있습니다. 용서는 약자의 덕목이고 복수는 강자의 덕목이라고 생각하기 때문입니다. 용서하는 것은 내가 손해 보는 것이고 용서는 약자가 하는 일이라고 생각하는 것입니다. 그러나 이것은 잘못된 생각입니다. 예수님은 '용서하는 자가 강한 자이고 이 사람이 참으로 하나님의 은혜를 아는 자'라고 하십니다. 그렇습니다. 약한 자는 용서하지 못합니다. 강한 자만이 용서할 수 있습니다.

베트남전이 한창이던 1972년 6월, 당시 아홉 살이던 킴 푹(Phan Thi Kim Phúc)이란 베트남 소녀는 미군의 폭격을 피해 동네 근처 한 사찰에 숨어 있었습니다. 그런데 미군이 모든 것을 불태워 버리는 '네이팜 폭탄'을 사찰까지 투하하면서 많은 사람이 죽었습니다. 어린 소녀 킴 푹도 옷에 불이 붙어 불붙은 옷을 벗고 겁에 질려 울면서 거리로 뛰쳐나갔습니다. 그 모습을 AP통신 기자가 찍어 전 세계로 전송함으로 전쟁의 참상을 알렸습니다. 그녀는 등과 팔에 3도 화상을 입은 상태였으나 다행히 미군의 도움으로 치료를 받았고 훗날 캐나다로 이민을 갔습니다. 그리고 세월이 흘러 1996년 워싱턴에서 열린 월남전 기념비 제막식에 초대를 받았고, 전쟁 피해자로서 연설을 하게 되었습니다. 그녀는 이렇게 말했습니다. '나는 지금도 내 몸에 흉터를 지니고 있고 극심한 통증에 시달리고 있습니다. 네이팜은 매우 강했습니다. 그러나 사랑보다 강하지 못합니다. 모든 사람이 사랑과 용서를 배울 수 있다면 더 이상 전쟁을 하지 않을 것입니다. 나는 지금이라도 나에게 이런 고통을 안겨준 분을 만난다면 난 그를 용서할 것입니다.'

그런데 놀랍게도 그 자리에 폭탄을 투하했던 비행기 조종사 존 플러머(John Plummer)가 참석하고 있었습니다. 그는 자신이 저지른 행위에 대해 늘 죄책감을 가졌고 그래서 목사가 되었습니다. 그런데 놀랍게도 그 자리에서 자신이 용서를 구해야 할 당사자를 만나게 되자 그는 킴 푹 앞에 나가 무릎을 꿇고 용서를 빌었습니다. '킴 여사님, 정말 죄송합니다! 제가 그 조종사입니다. 저의 오판으로 고통을 드려서 정말 죄송합니다. 저는 그동안 저의 실수로 인해 지금까지 고통스러운 마음으로 살아왔습니다. 저를 진심으로 용서해 주실 수 있겠습니까?' 킴 푹이 말합니다. '용서합니다. 참으로 용서합니다.' 용서를 빌고 용서를 하는 두 사람의 모습을 보면서 거기 모인 사람들이 감격의 눈물을 흘렸고 박수를 보냈습니다.

124 　　복수는 복수하는 자와 복수를 당하는 자를 모두 파멸로 몰아갑니다. 그러나 용서는 용서하는 사람과 용서받는 사람을 모두 치유하고 자유케 합니다. 복수해서 얻을 수 있는 것은 아무것도 없습니다. 그러나 용서하면 치유함을 얻고 자유를 얻으며 사람을 얻습니다. 용서하지 못하고 살면 나 자신이 미움과 원망의 노예가 됩니다. 그러나 용서하면 나도 살고 용서받은 사람도 살립니다.

　　영국의 웰링턴 제독은 한 병사를 총살하기 전 이렇게 소리쳤다고 합니다. '나는 너를 교육하려 했지만 너는 배우지 않았다. 나는 너를 징계했지만 너는 교정되지 않았다. 내가 너를 감옥에 가두었지만 너는 반성하지 않았다. 이제 할 수 있는 일은 한 가지뿐이다. 너를 총살하는 것이다.' 이때 한 병사가 말했습니다. '각하, 그런데 각하께서는 저 병사에게 한 가지를 하지 않으셨습니다.' 제독이 묻습니다. '그것이 뭐냐?' 동료 병사가 대답했습니다. '용서하는 것입니다.' 그 병사의 말이 제독의 마음을 움직였고 제독은 총살하려던 병사를 조건 없이 용서한다고 선언했습니다. 그런데 놀라운 일이 일어났습니다. 온갖 교육과 처벌로도 바뀌지 않던 그 병사가 조건 없는 용서 앞에서 변하기 시작한 것입니다. 그렇습니다. 사람을 고발하는 율법이 사람을 바꾸는 게 아니라 사람을 불쌍히 여기는 사랑과 용서가 사람을 변화시킵니다.

예수님은 마지막으로 말씀했습니다.

너희가 각각 마음으로부터 형제를 용서하지 아니하면 나의 하늘 아버지께서도 너희에게 이와 같이 하시리라(마 18:35)

우리가 각각 마음으로부터 형제를 용서하지 아니하면 하늘 아버지께서도 우리에게 이와 같이 하신다는 것입니다. 무슨 말입니까? 내가 형제의 허물을 용서하지 않으면 하늘 아버지께서도 나의 허물을 용서하지 않겠다는 말씀입니다. 그래서 내가 하나님의 용서를 믿고 경험한 사람이라면 나도 하나님께 받은 용서를 베풀 줄 아는 사람이 되어야 할 것입니다.

그래서 우리가 기도할 때 '우리가 우리의 죄를 용서한 것 같이 우리의 죄를 사하여 주옵시고'라고 기도합니다. 우리는 단 하루도 하나님의 용서가 없이는 살아갈 수 없는 죄인입니다. 그리고 우리가 하나님께 용서를 구하기 위해서는 나도 형제의 허물을 용서할 줄 아는 자가 되어야 합니다. 그러므로 용서는 그 누군가를 위한 일이 아니라 나 자신을 위한 일입니다.

2021년 3월 16일 광주 국립5·18민주묘지에서, 5·18민주화운동 당시 광주에 투입됐던 특전사 A 씨가 자신의 총격으로 숨진 박병현 씨 묘소 앞에 무릎을 꿇고 참회의 눈물을 흘렸습니다. 그는 묘소를 찾기 전 자신의 총에 맞아 숨진 박병현 씨의 유족을 만나 어떤 말로도 씻을 수 없는 아픔을 드려 죄송하다며 큰절을 올리기도 했습니다.

그리고 그는 인터뷰에서 지난 40여 년 동안 죄책감에 시달리며 살았는데 이제라도 유가족에게 용서를 구할 수 있어 다행이라고 고백했습니다. 고인의 형 박종수 씨는 '용기를 내줘서 고맙습니다. 동생을 이제라도 편히 보낼 수 있을 것 같습니다'라고 말하고는, 가해자 A 씨를 포옹했습니다. 이렇게 두 사람은 한참 동안 서로 부둥켜안고 오열했습니다. 숨진 박병현 씨는 당시 25세였고 농사일을 도우러 고향인 전남 장성으로 가다 참변을 당했습니다. 용서를 구하는 일은 늦었다고 생각할 때가 가장 이른 때라고 합니다. 그리고 용서를 구하고 용서하는 일은 사람이 할 수 있는 가장 아름다운 일입니다. 그리고 그곳에 치유가 있고 자유함이 있습니다.

임금이 말합니다. '내가 너를 불쌍히 여김과 같이 너도 네 동료를 불쌍히 여기는 것이 마땅하지 않느냐?' 하나님의 용서를 받은 우리는 형제를 용서하는 것이 마땅하다는 것입니다. 용기를 내어 용서를 구해보지 않겠습니까? 우리가 이미 하나님께 용서를 받았기 때문입니다.

하나님 나라와 성도의 교제

서로 돌아보아 사랑과 선행을 격려하며
모이기를 폐하는 어떤 사람들의 습관과 같이 하지 말고
오직 권하여 그 날이 가까움을 볼수록 더욱 그리하자

히브리서 10:24-25

하 나 님 나 라 와 성 도 의 교 제

129

'교회에 나와 예배드리는 것은 좋지만 다른 사람들과 만나 교제하는 것은 바라지 않아요'라고 말하는 분들이 있습니다. 교회 와서 예배드리는 것은 좋으나 교우들을 만나 교제하는 것에 대해 부담을 갖는 사람들이 있는 것입니다. 그러나 하나님은 성도가 서로 교제할 것을 권합니다. 서로 돌아보아 사랑과 선행을 격려하며 모이기를 폐하는 어떤 사람들의 습관과 같이 하지 말라고 합나다. 성도가 서로 교제하는 것은 하나님을 닮은 모습이기도 합니다. 하나님은 성부와 성자, 성령으로 존재하시며 이 삼위((三位)께서 교제 가운데 온전함을 유지하십니다. 하나님은 사람을 만드실 때 하나님의 형상을 따라 만드셨기에 사람도 하나님처럼 관계 속에서 살

때 온전한 삶을 살게 됩니다. 그래서 성도의 교제는 해도 되고 안 해도 되는 선택 사항이 아니라 필수 사항입니다. 우리가 매 주일 고백하는 신앙고백에서도 거룩한 공회와 성도가 서로 교통하는 것을 믿는다고 고백합니다. 우리는 성도의 교제 속에서 서로를 도우며 함께 성화를 이루어갑니다.

성경은 교회를 그리스도의 몸이요 하나님의 가족이라고 합니다. 우리의 몸은 다양한 지체들이 연합하여 서로를 섬김으로 건강을 유지하고 성장해 갑니다. 만약 몸의 지체가 '나는 이 몸에 붙어 있지 않을거야' 해서 몸을 이탈한다면 그 지체는 곧 죽음에 이르고 말며 그로 인해 그 몸도 장애를 겪게 됩니다. 성도가 서로 교제하는 것은 몸의 지체들이 서로 연합하여 서로를 돕는 것과 같습니다. 그래서 성도의 교제는 선택 사항이 아니라 자신과 다른 지체를 위해 반드시 해야 하는 필수 사항입니다.

그런가 하면 교회는 하나님의 가족입니다. 교회가 하나님의 가족이라는 말은 우리는 서로 사랑하고 서로를 책임지는 관계 속에 있어야 한다는 말입니다. 그리할 때 우리 모두 함께 성화를 이루어가며 건강한 공동체를 이룰 수 있습니다. 예수님은 말씀합니다.

새 계명을 너희에게 주노니 서로 사랑하라 내가 너희를 사랑한 것 같이 너희도 서로 사랑하라 너희가 서로 사랑하면 이로써 모든 사람이 너희가 내 제자인 줄 알리라(요 13:34-35)

새 계명을 너희에게 주노니 서로 사랑하라고 합니다. 예수님이 우리를 사랑한 것 같이 우리도 서로를 사랑하라고 합니다. 우리가 서로 사랑하면 이로써 모든 사람이 우리가 예수님의 제자인 줄 알게 된다고 합니다. 여기서 새 계명이란 구약의 계명을 요약한 것으로, 새 계명의 핵심은 우리가 서로 사랑하는 것이라고 말씀하신 것입니다. 그 사랑은 하나님이 우리를 사랑하신 것과 같은 사랑입니다. 사람들은 우리가 서로 사랑하며 사는 모습을 보고 '저 사람들은 예수님의 제자'라고 인정해 준다는 것입니다.

그리고 가정과 교회는 이런 사랑을 연습하고 훈련하는 곳입니다. 그리고 교회에서 이런 가족과 같은 사랑을 나누는 곳이 순모임입니다. 그런데 우리가 경험하지만 가까울수록 사랑하기가 어렵습니다. 가까운 사람일수록 서로 실수할 수 있고 서로의 허물과 약점을 알기 때문입니다. 그러나 사랑은 감정이 아니라 의지적입니다. 성경은 사랑을 정의하며, 사랑은 오래 참고 온유하며 무례히 행치 않고 자기 유익을 구하지 않고 성내지 않으며 모든 것을 참고 믿고 견디는 것이라고 말씀합니다. 우리는 이런 사랑을 가정에서, 교회에서 연습하고 훈련해야 합니다. 그리하여 예수님의 제자로 성화되어 가는 것입니다. 성경은 교회 안에 있는 성도들에게 이렇게 권면합니다.

서로 돌아보아 사랑과 선행을 격려하며 모이기를 폐하는

어떤 사람들의 습관과 같이 하지 말고 오직 권하여 그 날이 가까움을 볼수록 더욱 그리하자(히 10:24-25)

서로 돌아보아 사랑과 선행을 격려하며 모이기를 폐하는 어떤 사람들의 습관과 같이 하지 말고 오직 서로 권하여 모이기를 힘쓰라고 합니다. 우리는 함께 모여 서로 서로 사랑과 선행을 격려해야 합니다. 1995년 10월 17일 미국 매사추세츠 메모리얼 병원에 카이리(KYRE)와 브리엘 잭슨(BTIELE JACKSON)이라는 두 쌍둥이 여자아이가 태어났습니다. 예정보다 12주(3개월)나 빨리 조산하여 몸무게가 1킬로그램의 미숙아였습니다. 두 쌍둥이는 출산하자마자 바로 인큐베이터에 들어갔습니다. 의사와 간호사들의 돌봄 속에서 언니 카이리는 회복이 되어갔으나 동생 브리엘은 점점 생명이 꺼져갔습니다. 이때 간호사 경력 19년 차인 게일 카스페리안이 유럽에서 실시한 미숙아 치료법을 떠올리며 두 아이를 함께 두면 어떻겠느냐고 의사에게 제안했고, 의사의 허락으로 두 아이를 한 인큐베이터에 두게 되었습니다. 그런데 이때 놀라운 일이 벌어졌습니다. 건강한 아기가 팔을 뻗어 아픈 아기를 감싸 안았고 그때부터 동생 브리엘의 심장과 맥박, 혈압이 정상으로 돌아오고 체온도 정상이 되었습니다. 결국 두 아이는 건강한 모습으로 엄마의 품에 안기게 되었습니다. 의사들은 '생명을 구한 포옹' 이라는 제목으로 사진까지 첨부하여 이 아이들의 이야기를 의료지에 기고하기도 했습니다. 그래서 전문가들은 정서적 건강을 위해 포옹을 권장하기도 합니다. 포옹은 사랑을 표현하는 가장 아름다운 신체 언어이기 때문입니다.

하나님은 인간을 지으실 때 함께 더불어 살도록 지어 주셨습니다. 하나님은 매일 창조를 마친 후 창조물을 보시며 참 좋았다고 감탄하셨습니다. 하지만 인간 아담을 지으시고는 이렇게 말씀했습니다.

> 사람이 혼자 사는 것이 좋지 아니하니 내가 그를 위하여 돕는 배필을 지으리라 (창 2:18)

사람이 혼자 사는 것이 하나님 보시기에 좋지 않다는 것입니다. 사람은 서로 도우며 더불어 살아야 한다는 것입니다. 한문으로 사람은 '인'(人)입니다. 사람은 홀로 사는 존재가 아니라 서로 기대고 서로 도우며 사는 존재임을 알게 합니다. 사람은 하나님을 닮은 존재로 사회적 존재이기 때문입니다. 실제로 모든 성장은 관계 속에서 일어납니다. 그것이 육체적 성장이든 정신적 성장이든 영적 성장이든, 모든 성장은 함께하는 관계 속에서 성장합니다.

한 아버지가 사랑하는 딸을 시집보내려는데 두 신랑감이 나타났습니다. 두 남자 모두 학벌과 인물, 재정적인 능력이 비슷했습니다. 그런데 한 가지가 달랐습니다. 가정환경이 달랐습니다. 한 남자는 3대 독자 외아들이었고 다른 남자는 3

남 2녀 중 둘째 아들이었습니다. 만약 여러분이 사위를 선택한다면 어떤 사람을 사위로 선택하겠습니까? 3대 독자 외아들보다 여러 형제들 가운데서 성장한 사람을 사위로 선택할 가능성이 높을 것입니다. 이유는 무엇 때문일까요? 3대 독자 외아들보다 많은 형제 가운데서 성장한 사람이 더 좋은 성품을 가졌을 것이라고 판단하기 때문일 것입니다. 혼자 자란 사람보다 여러 형제가 함께 자라면서 나와 다른 타인을 이해할 줄 알고 양보도 할 줄 아는 사람으로 성장했을 것이라고 생각하기 때문일 것입니다. 물론 다 그런 것은 아니지만 그렇게 인성이 길러질 가능성이 큽니다.

영적 성장도 다르지 않습니다. 우리가 한 가족이 되어 함께 모이고 교제하는 과정에서 우리의 성품이 길러지고 성화가 일어나는 것입니다. 나와 다른 사람들과 어울려 교제하다 보면 자칫 마음의 어려움도 겪을 수 있고 상처도 받을 수 있습니다. 정신적으로 피곤할 수도 있습니다. 실제로 그런 일이 일어나기도 합니다. 그래서 교제 모임에 들어가지 않고 나 홀로 신앙생활을 합니다. 혼자 신앙생활 하면 마음은 편할 수 있습니다. 그러나 우리의 성품은 길러지지 않고 영적 성장도 더디게 됩니다. 모든 성장은 관계 속에서 일어나기 때문입니다. 그래서 하나님은 우리를 혼자 두지 않으시고 교회라는 공동체 안에 머물게 하셨습니다. 그래서 모이기를 폐하는 어떤 사람들의 습관을 따르지 말고 함께 모여 사랑과 선행을 격려하라고 합니다. 그렇습니다. 우리가 건강한 지체가 되고 건강한 그리스도의 몸을 이루기 위해서는 서로 연결되어 서로 돕고 도움도 받아야 합니다. 우리는 서로 다릅니다. 그러나 다르기 때문에 서로를 도울 수 있고 아름다운 조화를 이루며 성장해 갈 수 있습니다.

이처럼 성도의 교제가 중요하기에 예수님도 우리가 하나 되기를 위해 기도하셨고 성경도 성령의 하나 되게 하심을 힘써 지키라고 권면했습니다. 사탄은 성도가 하나 됨을 방해하고 무너뜨리지만 성령님은 성도가 하나 되도록 격려하십니다. 성도가 하나 되어 서로를 돌아보는 환경에서 우리가 성장해 갈 수 있기 때문입니다. 유튜브에서 사자가 먹이를 사냥하는 영상을 볼 수 있습니다. 아무리 강한 사자라도 무리 속에 뛰어 들어가 얼룩말이나 들소, 버펄로, 물소를 공격하지는 않습니다. 그들에게 위협을 가해 무리에서 이탈한 것이 사자의 먹이 사냥감이 됩니다. 이것이 우리가 공동체 안에 있어야 할 이유이기도 합니다. 우리가 교회 공동체 안에 있을 때 서로가 서로를 지켜주는 울타리가 되어 줍니다. 그래서 예수님은 교회 공동체를 세우겠다고 하시며 음부의 권세가 이기지 못할 것이라고 했습니다.

그리고 성경도 함께하는 공동체의 유익에 대해 말씀합니다.

두 사람이 한 사람보다 나음은 그들이 수고함으로 좋은 상을 얻을 것임이라 혹시 그들이 넘어지면 하나가 그 동무를

붙들어 일으키려니와 홀로 있어 넘어지고 붙들어 일으킬
자가 없는 자에게는 화가 있으리라(전 4:9-10)

두 사람이 한 사람보다 나음은 그들이 함께 수고함으로
좋은 상을 얻을 수 있다고 합니다. 둘이 있다가 하나가 넘어
지면 그 동무가 붙들어 일으켜 주기 때문에 화를 면할 수 있
지만 혼자 있다 넘어지면 붙들어 줄 사람이 없어 화를 당하
게 된다고도 합니다. 우리는 누구나 넘어질 수 있는 연약한
자들입니다. 그래서 넘어질 때 나를 붙들어 줄 수 있는 친구
가 있어야 합니다. 순모임은 우리가 서로를 붙들어 줄 수 있
는 영적인 환경입니다. 그래서 우리는 다 순모임에 들어가
서로를 도와야 합니다.

또 두 사람이 함께 누우면 따뜻하거니와 한 사람이면 어찌
따뜻하랴 한 사람이면 패하겠거니와 두 사람이면 맞설 수
있나니 세 겹줄은 쉽게 끊어지지 아니하느니라(전 4:11-12)

두 사람이 함께 누우면 따뜻하지만 혼자 누우면 어찌 따
뜻하겠느냐고 묻습니다. 상식적인 이야기입니다. 추운 겨울
날 함께 누우면 두 사람에게서 나오는 열로 따뜻한 온기를
유지할 수 있습니다. 장작개비도 여러 개가 함께 모이면 강
한 화력을 내며 타게 되지만 흩어 놓으면 꺼지게 됩니다. 혼
자 싸우면 질 수 있는 사람도 함께 싸우면 이길 수 있다고 합

니다. 한 줄은 쉽게 끊어져도 세 겹줄은 쉽게 끊어지지 않습니다. 이것이 우리가 함께 교제해야 할 이유입니다. 우리가 함께 모이고 모이기를 폐하는 어떤 사람들의 습관을 따르지 말아야 할 이유입니다.

성경에서 가장 힘센 사람은 삼손입니다. 한때 여행용 가방으로 삼소나이트(Samsonite)라는 브랜드가 유명했습니다. 이 가방을 만든 사람이 유태계 미국인인 쉬웨이더(Jess Shwader)라는 사람인데 삼소나이트는 성경에서 나오는 삼손에서 따온 이름입니다. 삼손처럼 튼튼한 가방이란 뜻입니다. 삼손은 참으로 강한 남자였습니다. 맨손으로 사자의 입을 찢었고 나귀 턱뼈 하나로 블레셋의 무장 군인 천 명을 죽이는 힘을 가졌습니다. 성문을 뽑아 어깨에 메고 몇십 킬로를 달리기도 했습니다. 그런 그가 한 여인의 무릎 위에서 모든 것을 잃었습니다. 눈도 잃었고 생명도 잃었고 명예도 잃었습니다. 그것은 그가 늘 혼자였기 때문입니다. 그가 너무 강하고 자신만만해서 친구가 없었습니다. 늘 혼자였습니다. 그런데 그가 위기에 빠졌을 때 그를 도울 사람이 없어서 진짜 위기를 당하고 만 것입니다. 우리는 서로를 붙들어 주고 서로를 격려할 영적인 친구가 있어야 합니다. 이런 영적 친구를 교회 안에서 사귀어야 합니다. 순모임은 영적인 친구를 사귀기에 좋은 환경입니다. 메주콩과 메주는 다릅니다. 메주콩은 풀어 놓으면 다 흩어지지만 메주는 끈끈하게 결속합니다. 건강한 교회는 메주콩과 같은 교회가 아니라 메주와 같은 교회입니다. 서로 하나 되고 서로 모여 사랑과 선행을 격려합니다. 초대 교회 성도들이 그랬습니다.

> 날마다 마음을 같이하여 성전에 모이기를 힘쓰고 집에서 떡을 떼며 기쁨과 순전한 마음으로 음식을 먹고(행 2:46)

초대 교회 성도들은 날마다 마음을 같이 하여 성전에 모이기를 힘썼고 또 집에서 모였습니다. 대그룹으로 모였고 소그룹으로도 모였습니다. 신학자들은 이 두 그룹을 '두 날개'라고 부릅니다. 하늘을 나는 모든 새는 두 날개로 하늘을 나는 것처럼 교회도 대그룹과 소그룹이란 두 날개로 영적 비상을 하게 됩니다. 그래서 우리는 건강한 그리스도의 몸을 이루기 위해 대그룹과 소그룹에 참여하는 성도들이 되어야 합니다. 사랑으로 섬기는 공동체의 모습에 대해 성경은 이렇게 말씀합니다.

> 만일 한 지체가 고통을 받으면 모든 지체가 함께 고통을 받고 한 지체가 영광을 얻으면 모든 지체가 함께 즐거워하느니라 너희는 그리스도의 몸이요 지체의 각 부분이라(고전 12:26-27)

사랑으로 섬기는 공동체는 고통도 함께 나누고 즐거움도 함께 나눈다고 합니다. 우리는 서로에게 없어서는 안 될 너무나도 소중한 지체들이기 때문입니다.

> 눈이 손더러 내가 너를 쓸 데가 없다 하거나 또한 머리가
> 발더러 내가 너를 쓸 데가 없다 하지 못하리라 그뿐 아니라
> 더 약하게 보이는 몸의 지체가 도리어 요긴하고(고전 12:21-
> 22)

우리 몸에 '너는 필요 없어'라고 할 수 있는 지체가 없습니다. 모든 지체는 다 필요하고 다 소중합니다. 없어도 될 것 같은 약하게 보이는 지체가 더 요긴하다고 합니다. 나도 필요하고 다른 지체도 필요합니다. 나도 소중하고 다른 지체도 소중합니다. 그래서 우리는 서로 함께하며 서로를 섬겨야 합니다. 우리는 함께 서로를 섬기며 건강한 그리스도의 몸을 이루어 가야 합니다.

하나님 나라와 잃은 양

예수께서 그들에게 이 비유로 이르시되
너희 중에 어떤 사람이 양 백 마리가 있는데
그 중의 하나를 잃으면 아흔아홉 마리를 들에 두고
그 잃은 것을 찾아내기까지 찾아다니지 아니하겠느냐
또 찾아낸즉 즐거워 어깨에 메고
집에 와서 그 벗과 이웃을 불러 모으고 말하되
나와 함께 즐기자 나의 잃은 양을 찾아내었노라 하리라
내가 너희에게 이르노니 이와 같이 죄인 한 사람이
회개하면 하늘에서는 회개할 것 없는 의인
아흔아홉으로 말미암아 기뻐하는 것보다 더하리라

누가복음 15:3-7

1983년 6월 30일부터 11월 14일까지 무려 4개월여 동안 방영되었던 'KBS 특별 생방송, 이산가족을 찾습니다' 프로그램을 기억하시나요? 한국 방송 사상 단일 내용으로 가장 긴 방송이었고 최고 시청률은 78%까지 이르렀습니다. 그때 이산가족 찾기 100,952건이 신청되었고 53,536건이 방송으로 소개되었으며 그중 10,189건의 이산가족이 상봉했습니다. 수십 년간 생사조차 모르고 살던 이산가족을 다시 찾아 눈물의 상봉을 하는 모습을 보며 온 국민이 함께 눈물을 흘렸습니다. 우리는 한국전쟁이라는 쓰라린 비극을 겪으며 가족이 생이별을 한 사람이 많았습니다. 전쟁 통에 피난을 가다가 엄마의 손을 놓치고 고아가 되어 살다가 30년 만에 엄마를 만난 딸은 엄마를 만나는 순간 졸도까지 한 일도 있었습니다.

잃어버린 사람, 그것도 사랑하는 사람을 다시 찾는 기쁨은 세상 그 무엇과도 바꿀 수 없을 것입니다. 오늘 본문도 잃은 양을 찾는 목자의 이야기를 통해 하나님의 관심이 어디에 있는지를 우리에게 말씀하십니다. 그 이야기는 이렇게 시작됩니다.

> 모든 세리와 죄인들이 말씀을 들으러 가까이 나아오니 바리새인과 서기관들이 수군거려 이르되 이 사람이 죄인을 영접하고 음식을 같이 먹는다 하더라(눅 15:1-2)

모든 세리와 죄인들 즉 창기들이 예수님의 말씀을 들으러 가까이 나아오는 것을 보고 유대 종교 지도자들인 바리새인과 서기관들은 '이 사람이 죄인을 영접하고 죄인들과 함께 음식을 같이 먹는다'며 예수님을 비난했습니다. 당시 세리와 창기는 죄인을 대표하는 인물로 사람 취급을 받지 못했고 인간 쓰레기와 같은 취급을 당했습니다. 그런데 이처럼 인간 취급조차 받지 못했던 죄인들을 예수님이 영접하고 그들과 함께 어울리며 음식을 먹고 그들의 애환을 들어주고 그들에게 천국 복음을 전하는 모습을 보고 예수님을 비난한 것입니다. 그것은 당시 유대 종교가 얼마나 하나님과 멀어져 있었는지를 알게 하는 대목입니다. 이때 예수님은 잃어버린 양을 찾는 목자의 이야기를 통해 예수님이 왜 그들을 영접하고 그들과 함께 음식을 먹으며 그들과 교제하고 있는지를 말씀하시며, 오늘날 교회인 우리는 무엇에 관심을 갖고 힘을 써야 하는지를 알게 합니다.

양 백 마리를 키우고 있는 목자 한 사람이 저녁이 되어 수를 세어 보니 한 마리가 부족했습니다. 그는 양 아흔아홉 마리를 임시 우리에 두고 잃어버린 한 마리의 양을 찾기 위해 다시 산으로 갑니다. 목자는 잃은 양을 찾게 되자 즐거워하며 그 양을 어깨에 메고 와서 친구를 불러 잔치하며 함께 즐깁니다. 예수님은 이 이야기를 소개하며 이렇게 말씀했습니다.

> 내가 너희에게 이르노니 이와 같이 죄인 한 사람이 회개하면 하늘에서는 회개할 것 없는 의인 아흔아홉으로 말미암아 기뻐하는 것보다 더하리라(눅 15:7)

하나님은 죄인 한 사람이 회개하면 회개할 것 없는 의인 아흔아홉보다 더 기뻐한다는 것입니다. 죄인 한 사람이 회개하고 돌아오는 것이 하나님께 얼마나 큰 기쁨인지를 알게 하십니다. 그리고 이것이 예수님께서 이 세상에 오셔서 세리와 창기들을 영접하고 그들과 함께 음식을 먹고 그들의 친구가 되어 주며 그들에게 천국 복음을 전파하신 이유였습니다. 이것이 우리가 해야 할 일입니다. 하나님은 죄인 한 사람이 회개하고 돌아오는 것을 그렇게 기뻐하십니다.

짐승은 대부분 자신을 보호하는 방어 능력이 있습니다. 어떤 짐승은 힘으로 자신을 보호하기도 하고 도망을 치거나 숨어서라도 자기를 보호하기도 하고 그것도 안 되면 고약한 냄새를 풍기거나 자신의 몸 색깔을 바꾸어서 자기 자신을 보호합니다. 그럴 능력이 없으면 죽은 척 해서라도 자기를 보호하기도 합니다. 그러나 양은 그런 자기 방어 능력이 없습니다. 잃어진 양은 결국 맹수의 밥이 되든지 실족하든지 굶든지 하여 죽음에 이를 가능성이 큽니다.

성경은 이것이 하나님을 떠난 인간의 모습이라고 합니다. 하나님을 떠난 인간은 잃어진 양입니다. 하나님을 떠난 사람은 하나님과 무관하게 살기 때문에 시편 저자는 시편 14편에서 '마음이 부패하고 행실이 가증하며 선을 행하지 않고 악을 행한다'고 말씀하며, 로마서 1장에서는 하나님을 떠나 산 사람들은 '정욕을 따라 살고, 진리가 아닌 거짓을 따라 살며, 피조물을 조물주처럼 경배하고, 순리대로 쓸 것을 역리로 쓴다'고 말씀합니다. 한마디로 비정상적인 삶을 살게 되는 것입니다. 이 세상에 만연한 전쟁과 폭력, 부정, 부패, 불륜, 미움, 시기, 욕망은 하나님을 떠나 살기 때문에 나타나는 열매들입니다. 그리고 이렇게 살면 그릇된 삶을 산 것에 대한 보응을 받게 됩니다.

하나님은 사랑이십니다. 하나님을 떠난 죄인들도 죄 가운데 살다가 죽음에 이르지 않고 하나님의 품으로 돌아와 생

144

명을 얻게 되기를 바라십니다. 누가복음 15장에서는, 잃어버린 것을 찾는 세 이야기가 소개되는데, 잃은 양을 찾는 목자의 이야기, 잃은 동전을 찾는 여인의 이야기, 집 나간 아들을 찾는 아버지의 이야기를 통해 죄인을 찾으시는 하나님의 모습을 볼 수 있습니다.

1991년 3월 26일 대구에서 개구리 소년 실종 사건이 있었습니다. 초등학교 어린이 다섯 명이 개구리를 잡으러 나갔다가 돌아오지 않은 사건이었습니다. 당시 노태우 대통령의 특별 지시로 경찰 병력 35만 명이 동원되어 찾았고, 전단 7백만 장을 뿌렸지만 소년들의 행방은 끝내 찾지 못했습니다. 11년이 지난 2002년 9월 26일 대구의 한 고등학교 인근 야산에 신축공사를 하는 토목 공사 과정에서 사람의 뼈로 추정되는 유골 무더기를 발견되었고, 유전자 검사 결과 실종된 개구리 소년들의 뼈임이 밝혀졌습니다. 그동안 자녀의 죽음을 확인하기까지 그들의 부모들은 11년 동안 생업을 포기하고 전국을 헤매며 잃어버린 자녀를 찾아다녔습니다. 이것이 잃은 자식을 찾는 부모의 마음이고 잃어버린 자를 찾으시는 하나님 아버지의 마음입니다.

저도 아들을 잃어버려 본 경험이 있습니다. 큰아들이 아직 만 두 살이 되지 않았을 때, 이제 막 걸음마를 할 줄 알고 아직 말은 못해 의사소통이 안 될 때였습니다. 월요일 오후 쉬는 날이라 저는 사택에 있었고 아내는 목욕탕에 갔습니다. 아들은 방에서 잠들어 있었습니다. 저는 아들이 잠들어 있는 것을 보고 잠시 교회를 다녀왔습니다. 그 시간은 불과 20분 정도였습니다. 그런데 집에 와 보니 방에서 잠자던 아들이 보이지 않는 것입니다. 목욕탕에 갔던 엄마가 올 시간도 아니었습니다. 함께 세 들어 사는 옆방 아주머니에게 물어보았지만, 모른다고 하였습니다. 집 앞 골목에 아이들이 놀고 있었는데, 아이들에게 물어보아도 아이들은 노는 데 정신이 팔려서 그랬는지 아기를 보지 못했다고 하였습니다. 다시 집안으로 들어와 샅샅이 뒤져도 아이가 보이지 않았고, 다시 골목으로 나가 아이의 이름을 부르며 온 동네를 뛰어다녔습니다. 아무리 찾아보아도 아들은 보이지 않았습니다.

불길한 생각이 엄습해 오면서 가슴이 뛰기 시작했습니다.

그렇게 30분 정도를 골목마다 뛰어다니다가 맥이 빠지고 다리가 풀려서 집으로 돌아왔는데, 마침 전화벨이 울렸습니다. 동네 파출소에서 걸려온 전화였습니다. 우리 아이가 거기 있다는 것이었습니다. 한 아주머니가 시장 근처에서 울고 있는 아이를 발견하여 파출소로 데려다 준 것 이었습니다. 마침 우리 옆방에서 함께 세 들어 살고 있던 파출소 직원이 근무를 하고 있었기에 우리 아이인 것을 알고 전화를 해 준 것이었습니다. 아이가 잠이 깨어 아무도 없으니까 울면서 교회 쪽으로 갔던 것이었습니다. 만약 그때 아들을 잃어버렸다면 평생 가슴에 멍이 들어 살고 있을 것입니다. 그래서 저는 잃어버린 자를 찾는 목자의 심정이나 잃어버린 자를 찾는 하나님 아버지의 마음이 어느 정도 이해가 됩니다.

예수님은 이처럼 잃어버린 자를 찾아 구원하기 위해 이 세상에 오셨습니다. 예수님이 여리고 성읍을 지나가시다가 세리장 삭개오의 집에 들어가셨습니다. 이때 사람들의 반응은 이러했습니다.

> 뭇 사람이 보고 수군거려 이르되 저가 죄인의 집에 유하러 들어갔도다 하더라(눅 19:7)

사람들은 세리장 삭개오를 죄인이라고 불렀습니다. 예수님이 세리의 집에 들어가자 '저가 죄인의 집에 들어갔다'고 수군거렸습니다. 그러나 삭개오는 자기 집을 찾아오신 예수님을 하나님의 아들로 만났고 구원을 받았습니다. 예수님은 그날 삭개오도 아브라함의 자손이라고 선포하신 후 이렇게 말씀하셨습니다.

> 인자가 온 것은 잃어버린 자를 찾아 구원하려 함이니라(눅 19:10)

예수님은 잃어버린 자를 찾아 구원하기 위해 오셨습니다. 이것이 예수님이 이 세상에 오신 이유이고, 이것이 교회를 세운 이유였고 우리에게 맡겨진 사명입니다. 예수님은 우리에게도 '잃어버린 자를 찾으라'고 말씀하십니다. 그래서 우리도 예수님처럼 죄인들을 위해 기도하고 찾아가 그들과 함께 교제하며 섬기고 그들에게 복음을 전해야 합니다. 이것이 우리가 해야 할 일입니다. 예수님이 말씀하셨습니다.

> 하나님이 세상을 이처럼 사랑하사 독생자를 주셨으니 이는 그를 믿는 자마다 멸망하지 않고 영생을 얻게 하려 하심이라(요 3:16)

하나님은 이 세상을 사랑하여 독생자를 주셨습니다. 세상 사람들을 멸망에서 구원하도록 속죄의 제물로 주신 것입니다. 예수님은 우리를 위해 대속의 제물이 되셨습니다. 그리고 누구든지 그를 믿는 자는 죄 사함의 은혜를 누리게 하셨고 멸망치 않고 영생을 얻게 하셨습니다. 죄인을 살리기 위해 하나밖에 없는 아들의 생명을 내어 주는 하나님의 사랑은 이 세상에서는 찾아볼 수 없는 사랑입니다. 세상에도 사랑이 있습니다. 그러나 세상의 사랑은 대부분 주고 받는 사랑입니다. 받는 것이 있어야 주는 것이 가능한 사랑입니다. 당신 없이는 못 산다는 연인들의 사랑도 끝없이 주기만 하지는 못합니다. 주기 때문에 받아야 한다고 생각하고, 받는 것이 없으면 주는 것도 중단이 되고 맙니다. 이것이 인간의 사랑입니다. 그러나 하나님의 사랑은 주고 받는 사랑이 아니라 끝없이 주는 사랑입니다.

하나님의 사랑을 이해하는데 어머니의 사랑이 도움을 주는 경우가 있습니다. 일본의 테레닌 아키코가 쓴 〈너를 사랑하는 데 남은 시간〉이란 책이 있습니다. 그녀는 러시아 청년을 만나 사랑에 빠졌고 결혼하여 임신을 하게 되었습니다. 그런데 임신 5개월 만에 산모가 척수암 선고를 받습니다. 병원에서는 먼저 방사선 치료를 해야 한다고 했으나 방사선 치료는 태아에게 위험이 될 수 있기 때문에 둘 중 하나를 선택해야 했습니다. 엄마를 살리려면 아이를 잃어야 했고 아이를 살리려면 엄마가 희생해야 했습니다. 아키코는 아기를 살리기 위해 자신의 희생을 택했습니다. 치료를 포기한 것입니다. 덕분에 아기는 건강하게 자랐고 제왕절개로 태어났습니다. 그리고 나서 엄마의 항암치료가 시작되었습니다. 하지만 치료가 시작되었을 때는 암이 다른 부위로까지 전이되어 치료가 어려운 상태가 되고 말았습니다.

엄마는 자신의 생명이 얼마 남지 않았음을 알게 되었고 사랑하는 딸에게 엄마가 들려주고 싶고 들려주어야 할 이야기를 기록하기 시작했습니다. 엄마 없이 살아갈 아이에게 엄마가 들려주고 싶은 이야기가 얼마나 많겠습니까? 엄마는 아기가 두 살이 될 때까지 그렇게 아이와 함께 지내면서 아이에게 들려주고 싶은 이야기를 기록했고 나중에 글을 쓸 수 없게 되었을 때는 녹음으로 하고 싶은 말을 남기기도 했습니다. 결국 엄마는 세상을 떠났고 지인들은 엄마가 사랑하는 딸에게 남긴 글들을 묶어 책을 펴냈습니다. 사랑하는 딸을 위해 자신을 희생한 아키코의 숭고한 사랑 이야기는 하나님의 사랑을 이해하는 데 도움을 줍니다. 그러나 이런 아키코의 숭고한 사랑도 하나님의 사랑과는 비교가 되지 않습니다. 그녀는 사랑하는 딸을 위해 자신을 희생했지만 하나님은 죄인 된 나를 위해 당신의 외아들을 희생시켰기 때문입니다. 이 놀라운 하나님의 사랑을 믿는 자는 멸망치 않고 영생을 얻게 됩니다.

하나님의 사랑을 믿고 영생을 얻게 된 우리가 할 일이 있습니다. 이제 이 놀라운 하나님의 사랑을 사람들에게 알리어 그들도 믿고 영생을 얻도록 돕는 것입니다. 예수님은 말씀했습니다.

사람이 만일 온 천하를 얻고도 제 목숨을 잃으면 무엇이 유익하리요 사람이 무엇을 주고 제 목숨과 바꾸겠느냐(마 16:26)

그렇습니다. 사람이 온 천하를 얻고도 제 목숨을 잃으면 무엇이 유익하겠습니까? 생명의 가치는 그렇게도 중요합니다. 온 천하와도 바꿀 수 없습니다. 그래서 우리는 사람의 생명을 살리는 일에 헌신해야 합니다. 이것이 예수님이 이 세상에 오신 이유이고 우리가 감당해야 할 사명입니다. 오래 전에 일본의 여고생들이 미국으로 수학여행을 갔습니다. 미국과 캐나다 국경 사이에 있는 나이아가라 폭포는 세계 3대 폭포 중 하나로 참으로 웅장합니다. 그런데 한 여학생이 폭포의 상류 100미터 지점에서 사진을 찍다가 실족하여 강에 빠지고 말았습니다. 이런 상황에서 이 여학생에게 무엇이 가장 기쁘고 복된 소식이겠습니까? 죽음의 강에 빠진 소녀에게 그 어떤 것도 기쁨의 소식이 될 수 없을 것입니다. 오직 한 가지, 구조대가 와서 자신을 죽음의 강에서 건져주는 것입니다.

그것이 복음이고 이것이 예수님께서 하신 일입니다. 성경은 모든 사람이 죄를 범하였으매 하나님의 영광에 이르지 못한다고 말씀하며, 죄의 삯은 사망이라고 말씀합니다. 우리 모두 죽음의 강에 빠진 것입니다. 이 세상 최고의 복은 구원자 예수님을 믿어 구원의 은총을 받는 것입니다. 그리고 예수를 믿음으로 구원받은 성도가 해야 할 최고의 사명은 죽음의 강에 빠져 떠내려가는 자들에게 구원자 예수님을 전하는 것입니다. 사도 바울도 '주 예수께 받은 사명 곧 은혜의 복음을 증거하는 일을 마치려 함에는 내 생명조차도 조금도 귀히 여기지 않겠다'고 고백했습니다. 이것이 구원의 은혜를 받은 우리들의 고백이 되어야 할 것입니다.

영국 런던에 가면 방문하게 되는 관광 코스가 있습니다. 그중 하나가 웨스트민스터 사원입니다. 영국의 국교인 성공회를 대표하는 성당입니다. 7세기 초에 처음 건설되었고 증축과 개축을 반복하다가 18세기에 들어와 현재의 모습을 갖추게 되었습니다. 1300년의 역사를 가진 영국을 대표하는 대성당입니다. 그래서 영국의 왕들이 이곳에서 대관식을 했고 왕실 가족의 결혼식과 장례식도 이곳에서 치릅니다. 그리고 역대 왕과 유명 인사들이 이곳에 묻힙니다. 그러다 보니 유명 관광 코스가 되어 많은 관광객들이 방문하고 있는 것입니다. 이곳은 와서 예배하는 자보다 관광객이 더 많습니다. 한번은 미국에서 온 한 여신도가 가이드에게 물었답니다. '선생님, 귀한 설명 감사드립니다. 그런데 최근 이 사원을 통해 몇 사람이나 구원을 받았을까요?' 의미 있는 질문이었다고 생각됩니다. 그리고 이 질문은 우리에게도 던져야 할 질문일 것입니다. 우리 교회를 통해 최근 몇 사람이나 구원을 받았는가? 아니 나 자신을 통해 몇 사람이나 구원 받았는가? 우리는 이런 질문을 자신에게 던지며 믿음 생활을 해야 할 것입니다. 아무리 역사와 전통을 자랑해도 구원받는 사람은 없고 사람만 북적인다면 그것은 교회가 교회의 구실을 제대로 감당하고 있지 못하고 있는 것입니다.

하나님 나라와 섬김

그 때에 세베대의 아들의 어머니가 그 아들들을 데리고
예수께 와서 절하며 무엇을 구하니 예수께서 이르시되
무엇을 원하느냐 이르되 나의 이 두 아들을 주의 나라에서
하나는 주의 우편에, 하나는 주의 좌편에 앉게 명하소서
예수께서 대답하여 이르시되 너희는 너희가 구하는 것을
알지 못하는도다 내가 마시려는 잔을 너희가 마실 수
있느냐 그들이 말하되 할 수 있나이다
이르시되 너희가 과연 내 잔을 마시려니와
내 좌우편에 앉는 것은 내가 주는 것이 아니라
내 아버지께서 누구를 위하여 예비하셨든지
그들이 얻을 것이니라 열 제자가 듣고 그 두 형제에
대하여 분히 여기거늘 예수께서 제자들을 불러다가
이르시되 이방인의 집권자들이 그들을 임의로 주관하고
그 고관들이 그들에게 권세를 부리는 줄을 너희가

알거니와 너희 중에는 그렇지 않아야 하나니
너희 중에 누구든지 크고자 하는 자는 너희를 섬기는
자가 되고 너희 중에 누구든지 으뜸이 되고자
하는 자는 너희의 종이 되어야 하리라 인자가 온 것은
섬김을 받으려 함이 아니라 도리어 섬기려 하고
자기 목숨을 많은 사람의 대속물로 주려 함이니라

마태복음 20:20-28

'당신은 누구를 가장 존경하는가?', 정치인들에게 물었더니 한국인으로는 김구 선생이 1위였고 외국인으로는 간디가 1위였습니다. 두 사람은 다 정치인으로 조국의 독립을 위해 헌신했던 분들입니다. 그리고 두 사람 다 정적들의 총에 맞아 서거했습니다. 간디가 서거했을 때 절망감을 이기지 못하고 많은 사람들이 함께 따라 목숨을 끊었다고 합니다. 간디가 인도 국민들에게 얼마나 존경받는 지도자였는가를 알게 하는 일입니다. 그렇다면 김구나 간디는 어떻게 이처럼 존경받는 인물이 되었을까요? 그들은 누구보다 나라를 사랑하고 백성을 섬기는 정치인이었기 때문입니다.

사람들은 섬김을 받는 데 관심이 많습니다. 세상에서는 높은 사람이 섬김을 받습니다. 그러나 예수님은 하나님의 나라에서는 높은 위치에 있는 사람이 섬기는 사람이 되어야 한다고 말씀하셨습니다. 예수님은 제자들과 함께 예루살렘으로 올라가시며, 예루살렘에 올라가면 인자가 대제사장들과 서기관들에게 넘겨지고 다시 이방인들에게 넘겨져 조롱당하고 채찍질 당하며 십자가에 못 박히게 되고 삼일 만에 다시 살아날 것이라고 말씀하셨습니다. 그리고 이어 오늘 분문이 시작됩니다.

> 그 때에 세베대의 아들의 어미가 그 아들들을 데리고 예수께 와서 절하며 무엇을 구하니 (마 20:20)

세배대의 아들의 어머니가 그 아들들을 데리고 예수께 와서 절하며 무엇을 구했다고 합니다. 같은 내용을 기록하고 있는 마가복음을 보면, 두 아들은 야고보와 요한이었습니다. 예수님이 묻습니다.

> 예수께서 이르시되 무엇을 원하느냐 이르되 나의 이 두 아들을 주의 나라에서 하나는 주의 우편에, 하나는 주의 좌편에 앉게 명하소서 (마 20:21)

예수께서 무엇을 원하느냐 묻자 그녀가 대답합니다. 자신의 두 아들을 주의 나라에서 하나는 주의 우편에 하나는 주의 좌편에 앉게 해 달라고 부탁합니다. 인사 청탁이었습니다. 예수님은 조금 전 예루살렘으로 올라가는 길에서 예루살렘에 가면 십자가에 못 박힐 것이라고 말씀했음에도 제자들은 예수님의 말씀이 무슨 뜻인지 이해하지 못했던 것 같습니다. 제자들은 당시 분위기를 따라 예수님이 예루살렘에 올라가면 왕이 될 것이라고 생각하고 있었기 때문입니다. 그래서 마가복음에서는 야고보와 요한의 어머니가 예수님께 자리 청탁을 했을 때 열 명의 제자가 두 제자를 향해 분을 냈다고 기록되어 있습니다. 나머지 제자들도 다 높은 자리를 탐하고 있었다는 뜻입니다. 그런 제자들에게 예수님께서 말씀하십니다.

> 예수께서 대답하여 가라사대 너희 구하는 것을 너희가 알
> 지 못하는도다 나의 마시려는 잔을 너희가 마실 수 있느냐
> 저희가 말하되 할 수 있나이다 (마 20:22)

예수님은 "너희 구하는 것을 알지 못하는도다. 나의 마시려는 잔을 너희가 마실 수 있겠느냐?" 물으십니다. 그러자 그들은 할 수 있다고 대답합니다. 제자들은 예수님의 말씀처럼 그들이 지금 무엇을 구해야 하는지 알지 못하고 있는 것이었습니다. 예수님의 말씀도 제대로 알아듣지 못하고 있었기 때문입니다. 그들은 예수님이 이루시고자 하신 나라도 어떤 나라인지 몰랐고 그 나라를 이루기 위해 예수님이 마시려는 잔이 무엇인지도 몰랐습니다. 그런 제자들에게 예수님이 다시 말씀합니다.

> 가라사대 너희가 과연 내 잔을 마시려니와 내 좌우편에 앉
> 는 것은 나의 줄 것이 아니라 내 아버지께서 누구를 위하여
> 예비하셨든지 그들이 얻을 것이니라 (마 20:23)

'너희가 과연 내 잔을 마실 수 있다면 내 좌우편에 앉는 것은 내가 줄 것이 아니라 내 아버지께서 주실 것이요 그 사람이 내 좌우편에 앉게 될 것이라'고 말씀하십니다. 예수님의 좌우편에 앉기 위해서는 예수님이 마시려는 잔을 똑같이 마셔야 한다는 것입니다. 그렇다면 예수님이 마시려는 잔은

무엇일까요? 예수님께서 제자들과 마지막 만찬을 하는 자리에서 이렇게 말씀하셨습니다.

> 또 잔을 가지사 감사 기도 하시고 그들에게 주시며 이르시되 너희가 다 이것을 마시라 이것은 죄 사함을 얻게 하려고 많은 사람을 위하여 흘리는바 나의 피 곧 언약의 피니라 (마 26:27-28)

예수님이 마시려는 잔은 죄 사함을 얻게 하려고 많은 사람을 위하여 흘릴 예수님의 피라고 하십니다. 그러니까 하나님 나라에서 예수님의 좌우편에 앉을 정도로 높임을 받을 사람은 예수님처럼 자신이 져야 할 십자가를 지고 주님을 따르는 자입니다. 십자가 없이 면류관도 없다는 뜻입니다. 면류관을 얻기 위해서는 누구나 반드시 자기 십자가를 지고 주님을 따라야 합니다. 제자들이 생각하는 주의 나라는 세상 나라들처럼 정치적인 나라였으나 예수님이 이루시기 원하는 나라는 이 세상의 정치적인 나라가 아니라 하나님이 통치하는 하나님의 나라였습니다. 그래서 예수님이 말씀합니다.

> 예수께서 제자들을 불러다가 가라사대 이방인의 집권자들이 저희를 임의로 주관하고 그 대인들이 저희에게 권세를 부리는 줄을 너희가 알거니와 너희 중에는 그렇지 아니하

니 너희 중에 누구든지 크고자 하는 자는 너희를 섬기는 자가 되고 너희 중에 누구든지 으뜸이 되고자 하는 자는 너희 종이 되어야 하리라(마 20:25-27)

'이방인의 집권자들이 백성을 임의로 주관하고 대인들이 백성에게 권세를 부리는 줄 너희가 알고 있지만 너희는 그렇지 않아야 하니 너희 중에 누구든지 크고자 하는 자는 사람을 섬기는 자가 되고 누구든지 으뜸이 되고자 하는 자는 사람을 섬기는 종이 되어야 한다'고 하십니다. 하나님 나라에서 리더는 섬기는 자이지 군림하고 지배하는 자가 아니라는 것입니다.

〈서번트 리더십〉(servant leadership) 이란 책을 써서 섬기는 리더십을 세상에 알린 사람은 컨설턴트 로버트 그린리프(Robert, greenleaf)입니다. 그가 이 책을 쓰게 된 동기가 있었습니다. 독일계 스위스 문학가인 헤르만 헤세가 쓴 책 동방순례(Journey to the East)를 읽고 영감을 받았다고 합니다. 동방순례 이야기는 제1차 세계대전이 끝나고 유럽에서 동방을 순례하기 위해 모집된 순례단의 이야기입니다. 동방을 향한 긴 여행이 시작되었고 그 순례단 안에는 레오라는 사람이 있었습니다. 그는 순례단원들이 지쳐갈 때 분위기를 바꾸어 주는 역할을 했습니다. 힘든 사람이 있으면 짐을 대신 져주기도 하고 아픈 사람이 생기면 가족처럼 간호도 해 주고 힘든 일을 해야 할 때면 솔선수범하였습니다. 때로는 흥겨운 노래를 불러 지친 순례객들의 마음을 기쁘게 해 주기도 했습니다.

그런데 어느 날 레오가 보이지 않았고 순례단원들은 레오가 보이지 않자 그가 얼마나 소중한 사람이었는가를 알게 되었습니다. 나중에 알게 되었지만 레오는 순례단을 결성하고 순례단을 후원한 단체의 대표였습니다. 그는 지도자였지만 자신의 신분을 감춘 채 가장 낮은 자리에서 섬겼던 것입니다. 레오는 예수님이 말씀하신 '섬기는 지도자'였던 것입니다.

사람들 가운데는 인정받고 높아지기 위해 섬기는 흉내를 내는 사람도 있습니다. 그들은 섬김을 높은 자리에 오르기 위한 수단으로 이용합니다. 그러나 그렇게 해서 높은 자리에 오르면 군림하고 지배합니다. 그러나 섬김은 높아지기 위한 수단이 아니라 섬김이 목적이어야 합니다. 이것이 예수님이 말씀하신 하나님 나라의 리더십입니다.

<동방순례>를 쓴 헤르만 카를 헤세(Hermann Karl Hesse)는 시인이요 소설가로 문학가의 삶을 산 사람이지만 선교사의 아들로서 그도 한때 신학을 공부했었습니다. 그래서 그는 섬기는 예수님을 알고 있었고 예수님의 섬기는 리더십을 레오를 통해 알린 것입니다.

사람들은 높은 자리에 관심이 있습니다. 그러나 예수님은 하나님의 나라에서 참으로 높은 사람은 지배하고 군림하는 사람이 아니라 낮은 자리에서 섬기는 사람이라고 하십니다.

그것이 예수님이 보여주신 본이었습니다. 그리고 우리에게 지위와 직분을 주신 것도 지배하라고 주신 것이 아니라 섬기라고 주신 것입니다.

2017년 12월 10일 미국 텍사스주 댈러스에서 BMW 아마추어 마라톤 대회가 있었습니다. 이때 여성부 1위를 달리고 있던 사람은 첸들러 셀프(Chandler self) 였습니다. 뉴욕 정신과 의사였고 나이도 많은 편이었습니다. 그녀는 결승선을 183m 남겨두고 비틀거리며 쓰러졌습니다. 그 뒤를 이어 2위 주자, 아리아나 루터먼(Ariana Luterman)이 바짝 뒤쫓고 있었습니다. 그녀는 17세 고교생이었습니다. 1등을 추월할 수 있는 기회가 주어진 것입니다. 그런데 놀랍게도 아리아나 루터먼은 첸들러를 추월하지 않고 쓰러진 그녀를 일으켜 함께 뛰기 시작했습니다. 이미 다리가 풀린 첸들러는 몇 걸음 뛰다 다시 쓰러지기를 반복했습니다. 그때마다 아리아나는 그녀를 일으켜 세우며 '힘내요. 당신은 할 수 있어요. 결승선이 바로 저기 눈앞에 있어요'라고 격려하며 결승선까지 함께 뛰었고 첸들러 셀프가 결승선에 먼저 도착하도록 도와주었습니다. 그리하여 첸들러 셀프는 2시간 53분 57초로 우승을 했습니다. 그 광경을 직접 지켜본 군중들과 TV 시청자들은 2위인 아리아나 루터먼에게 더 큰 찬사를 보냈습니다. 아리아나는 2위를 했지만 그녀가 보여준 태도는 진정한 우승자였습니다. 그것이 예수님이 말씀하신 섬기는 리더의 모습입니다.

모든 영화에는 주연이 있습니다. 그러나 주연 혼자 감동 있는 영화를 만들지는 못합니다. 많은 조연들의 역할이 있었기에 주연이 빛이 나는 것입니다. 하나님의 나라도 그렇게 세워집니다. 우리는 주연이신 예수님을 빛나게 하려고 동원된 조연들입니다. 그 조연의 역할을 성실히 감당할 줄 아는 것이 우리가 가져야 할 '섬기는 리더십'입니다. 심지어 섬김을 받으셔야 할 예수님이 우리를 섬기며 본을 보여주신 것입니다.

인자가 온 것은 섬김을 받으려 함이 아니라 도리어 섬기려 하고 자기 목숨을 많은 사람의 대속물로 주려 함이니라(마 20:28)

인자가 온 것은 섬김을 받기 위해서가 아니라 도리어 섬기려 하고 자기 목숨을 많은 사람의 대속물로 주기 위해 오셨다고 합니다. 예수님이 이렇게 사셨다면 우리도 그렇게 살아야 할 것입니다. 그것이 제자의 삶이고 그렇게 섬기며 살 때 하나님 앞에 서는 날 '착하고 충성된 종아 잘하였다'라고 칭찬을 받게 될 것입니다.

헨리 나우웬(Henri Jozef Machiel Nouwen, 1932년~1996년)은 네덜란드 출신의 로마 가톨릭사제이자 신학자이며 미국 최고의 대학인 예일과 하버드에서 교수 생활을 했습니다. 그런데 교수직을 내려놓고 지체 장애인들이 사는 캐나다의 공동체에 들어가 그들에게 밥을 먹이고 목욕을 시키고 대소변을 받아내고 휠체어를 밀어주는 등 그들을 섬기며 살았습니다. 동료 교수와 제자들이 찾아와 학교로 돌아오라고 권유했으나 그가 말합니다. '나는 성공과 명예를 얻기 위해 높은 곳으로 나아갔지만 거기서 예수님을 만나지 못했습니다. 그러나 나는 이곳에서 예수님을 만나고 있습니다.' 높임을 받는 자리에서는 예수님을 만나지 못했지만 낮은 자리에서 섬길 때 거기서 예수님을 만났다고 고백한 것입니다. 예수님은 이 땅에 하나님의 나라를 이루기 위해 오셨고 이를 위해 섬김과 희생의 삶을 사셨습니다. 우리도 천국을 이루며 살기 위해 예수님처럼 사랑하고 섬기며 살아야 합니다.

한 중고거래 커뮤니티에 올라온 글입니다. 어떤 사람이 집에서 사용하지 않는 혈압 측정기를 35,000원에 판매한다고 올렸습니다. 구매자가 나타나 3만 원에 살 수 있을지를 물었습니다. 깎으려는 게 아니라 돈이 모자라서 그렇다고 했습니다. 사용하는 단어나 맞춤법이 틀린 것으로 보아 연세가 많은 어르신 같아 25,000원에 드리겠다고 하고 약속 장소로 나갔습니다. 생각대로 연세가 많은 노부부가 나와 있었고 할머니는 한눈에 봐도 건강이 좋아 보이지 않았습니다. 판매자는 25,000원을 받고 혈압 측정기의 사용법을 꼼꼼하게 알려 드렸습니다. 그리고 돌아서는데 갑자기 돌아가신 외할아버지와 외할머니 생각이 나서 다시 노부부에게 달려갔습니다. 혈압 측정기를 그냥 드리겠다며 25,000원을 돌

163

려드리자 노부부는 한사코 거절했습니다. 그래서 말했습니다. '제가 돈을 받고 돌아서다 돌아가신 우리 할아버지와 할머니 생각이 나서 우리 할아버지 할머니께 드린다고 생각하고 드리는 것이니 그냥 받으세요.' 이 글을 읽는데 마음이 훈훈했습니다. 그리고 아름다운 세상을 만드는 일이 그렇게 어려운 일만은 아니라는 생각이 들었습니다.

'섬김은 축복입니다.' 섬김을 받는 사람도 기쁘고 행복하지만 섬기는 사람에게는 더 큰 기쁨과 행복이 주어지기 때문입니다. '섬김은 은혜입니다.' 섬김을 받을 때 은혜를 체험하지만 섬기면서 더 큰 은혜를 체험합니다. '섬김은 치유입니다.' 사람은 섬김을 받으며 치유를 경험하지만 섬기면서 더 큰 치유를 체험합니다. '섬김은 생명입니다.' 섬김을 받을 때 힘을 얻고 살아나지만 섬기면서 더 큰 힘을 얻게 됩니다. 섬김은 예수님을 따르는 삶이기 때문입니다. 예수님이 말씀하셨습니다.

> 내가 주와 또는 선생이 되어 너희 발을 씻겼으니 너희도 서로 발을 씻기는 것이 옳으니라 내가 너희에게 행한 것같이 너희도 행하게 하려 하여 본을 보였노라(요 13:14-15)

'주와 선생이신 예수님이 제자들의 발을 씻겼으니 너희도 서로 발을 씻기는 것이 옳다'고 말씀하십니다. 예수님은 우리도 행하게 하려고 본을 보이셨다고 합니다. 독일 출신의 미국 선교사 서서평(Johanna Elisabeth Schepping)은 일제 강점기였던 1912년에 미국 남 장로회의 간호사 선교사로 조선에 들어왔습니다. 그리고 1934년까지 22년 동안 병자와 여성들을 위해 헌신적인 삶을 살았습니다. 조선 사람들과 똑같이 보리밥에 된장국을 먹고 흰 저고리에 검정 치마, 검정 고무신을 신고 살면서 조선 사람을 섬겼습니다. 일제 치하에서 고통받는 사람들을 도왔고 전라도 일대 나병 환자들과 걸인들을 돌보았으며 버려진 아이 14명을 입양하여 친자식처럼 키웠습니다. 소박맞고 오갈 데 없는 여인들 38명을 집으로 데려와 함께 살았습니다. 1년 중 100일은 나귀를 타고 전라도와 제주도까지 다니며 병자들을 돌보았고 여성들을 교육시키며 복음도 전했습니다. 그녀가 남긴 일기에는 이런 기록이 있습니다. '한 달간 500명의 여성을 만났는데 하나도 성한 사람이 없었고 굶주리고 있거나 병이 들어 앓고 있거나 소박을 맞아 쫓겨난 사람이 대부분이었다.'

당시 여자들은 자신의 이름도 없이 큰 년, 작은 년, 개똥이 어멈, 부엌데기라고 불렸는데 이런 여자들에게 이름을 지어주고 이름을 불러주며 자존감을 높여주기도 했습니다. 그리고 자신이 세운 이일학교 여학생들과 함께 매년 농촌 봉사 활동을 하면서 여성들 교육도 시켰습니다.

그렇게 조선 사람을 섬기며 살던 서서평 선교사는 정작 자신의 몸은 돌보지 못해 풍토병과 과로, 영양실조로 54세의 나이에 숨을 거두었습니다. 그리고 죽을 때 자신의 시신

마저 의학 연구용으로 사용해 달라고 기증하였습니다. 그녀는 조선을 위해 모든 것을 주고 떠났습니다. 그녀의 장례는 광주시민 사회장으로 거행되었고 그녀의 돌봄을 받던 나병환자들과 걸인들이 상여를 메고 뒤따르면서 "어머니! 어머니!"를 외쳤습니다. 그녀는 '성공이 아닌 섬김'을 위해 한평생을 살았습니다. 이것이 우리 예수님이 우리에게 보여주신 삶의 본이었습니다.

하나님 나라와 달란트

또 어떤 사람이 타국에 갈 때 그 종들을 불러 자기 소유를
맡김과 같으니 각각 그 재능대로 한 사람에게는 금 다섯
달란트를, 한 사람에게는 두 달란트를, 한 사람에게는
한 달란트를 주고 떠났더니 다섯 달란트 받은 자는
바로 가서 그것으로 장사하여 또 다섯 달란트를 남기고
두 달란트 받은 자도 그같이 하여 또 두 달란트를
남겼으되 한 달란트 받은 자는 가서 땅을 파고
그 주인의 돈을 감추어 두었더니 오랜 후에 그 종들의
주인이 돌아와 그들과 결산할새 다섯 달란트 받았던
자는 다섯 달란트를 더 가지고 와서 이르되
주인이여 내게 다섯 달란트를 주셨는데 보소서
내가 또 다섯 달란트를 남겼나이다 그 주인이 이르되
잘하였도다 착하고 충성된 종아 네가 적은 일에
충성하였으매 내가 많은 것을 네게 맡기리니

네 주인의 즐거움에 참여할지어다 하고
두 달란트 받았던 자도 와서 이르되 주인이여 내게
두 달란트를 주셨는데 보소서 내가 또 두 달란트를
남겼나이다 그 주인이 이르되 잘하였도다
착하고 충성된 종아 네가 적은 일에 충성하였으매
내가 많은 것을 네게 맡기리니
네 주인의 즐거움에 참여할지어다 하고

마태복음 25:14-23

예수님은 마태복음 24장에서 예루살렘의 멸망과 함께 세상의 종말을 예고하시며 그 종말은 예수님의 재림과 함께 이루어진다고 말씀하셨습니다. 그리고 마태복음 25장에서는 다시 오실 주님과 종말을 맞이하기 위해 어떻게 살아가야 하는지 세 가지 비유를 들어 말씀해 주셨습니다.

첫 번째 비유는 신랑을 맞이하기 위해 기다리는 열 처녀 비유로 주님이 언제 오신다 해도 맞이할 수 있도록 준비하고 있어야 함을 말씀하십니다. 미련한 다섯 처녀는 신랑 맞을 준비를 온전히 하지 못해 신랑을 맞이하지 못했으나 슬기로운 다섯 처녀는 온전히 준비하여 기다림으로 신랑을 맞았고 혼인 잔치에도 참여했습니다. 이 비유가 우리에게 주는 메시지는 다시 오실 주님을 맞이할 수 있도록 늘 깨어 준비하고 있으라는 것입니다.

이어서 두 번째 비유를 말씀해 주셨습니다. 바로 달란트 비유입니다. 한 주인이 외국에 가면서 종들을 불러 자기의 소유를 맡겼습니다. 종들의 능력에 따라 어떤 이에게는 다섯 달란트를, 어떤 이에게는 두 달란트를, 어떤 이에게는 한 달란트를 맡겼습니다. 한 달란트는 6천 데나리온으로 노동자가 20년 동안 쓰지 않고 모아야 할 정도의 큰돈이었습니다. 주인은 이렇게 큰돈을 종들에게 맡기며 열심히 장사하여 자신의 재산을 증식해 달라고 부탁했습니다. 오랜 세월이 흘러 주인이 돌아왔고 종들을 불러 결산하게 되었습니다.

먼저 다섯 달란트와 두 달란트를 받은 종들은 열심히 장사하여 갑절의 이문을 남겼다고 보고 하였고, 주인으로부터 착하고 충성된 종이라는 칭찬과 함께 보상을 받았습니다. 그러나 한 달란트 받은 종은 이문없이 그대로 가지고 와서 보고하였더니 주인으로부터 책망을 들었고, 받은 것도 결국 빼앗기고 말았습니다.

여기서 주인은 예수님이시고 종들은 우리 자신입니다. 예수님은 우리에게 주님과 주의 나라를 위해 일할 수 있도록 각종 은사와 달란트를 주셨습니다. 그리고 주인이 돌아와 종들과 결산한 것은, 우리 주님이 다시 오셔서 우리를 부르시고 우리에게 맡긴 달란트를 가지고 하나님의 나라를 위해 어떻게 최선을 다했는지 결산하게 된다는 것을 말하고 있습니다. 이 비유는 우리에게 세가지 교훈을 줍니다.

첫째, 우리는 하나님의 청지기입니다.

청지기는 주인의 것을 맡아 관리하는 자입니다. 내게 있는 모든 것은, 내 것이 아니라 하나님께서 우리에게 맡겨 주신 것으로, 하나님을 위해 사용하도록 주신 것들입니다. 우리에게 있는 모든 것 곧 우리의 생명, 소유, 세상의 지위, 은사, 재능 모든 것이 하나님께 받은 것이며 하나님을 위해 사용하도록 주신 달란트입니다. 다섯 달란트 받은 종과 두 달란트 받은 종은 주인을 위해서 열심히 일해 갑절의 이문을 남겼습니다. 그래서 주인으로부터 착하고 충성된 종이라는 칭찬을 받았고 상도 받았습니다. 착하다는 말은 주인의 마음을 알아 주인의 뜻대로 종의 본분을 다했다는 말이고, 충성된 종은 맡은 일에 성실하며 최선을 다한 종이었다는 말입니다. 하나님은 우리가 하나님의 것을 맡아 관리하는 청지기로서 착하고 충성된 청지기가 되기를 바라십니다. 하나님의 마음을 알아 종의 본분을 다하고 맡은 일에 성실하며 최선을 다하기를 바라십니다. 그래서 하나님의 나라를 확장해 가기를 바라십니다.

둘째, 맡긴 달란트를 사용해야 합니다.

착하고 충성된 종들은 주인에게 받은 달란트를 가지고 열심히 일해서 갑절의 이문을 남겼지만, 악하고 게으른 종은 주인에게 받은 달란트를 땅에 묻고 아무것도 하지 않았습니다. 그리하여 착하고 충성된 종은 주인으로부터 칭찬과 보상을 받았고, 주인에게 받은 달란트를 땅에 묻고 아무것도 하지 않은 종은 책망과 징벌을 받았습니다. 한 달란트를 받은 종이 주인에게 받은 달란트를 땅에 묻고 아무것도 하지 않았던 것은 주인에 대한 오해가 있었기 때문입니다. 그가 주인에게 말합니다.

한 달란트 받았던 자는 와서 이르되 주인이여 당신은 굳은 사람이라 심지 않은 데서 거두고 헤치지 않은 데서 모으는 줄을 내가 알았으므로 두려워하여 나가서 당신의 달란트를 땅에 감추어 두었었나이다 보소서 당신의 것을 가지셨나이다 (마 25:24-25)

한 달란트 받은 종은 주인에게 '당신은 굳은 사람이라 심지 않은 데서 거두고 헤치지 않은 데서 모으는 줄을 내가 알았으므로 당신을 두려워하여 당신의 달란트를 땅에 감추어 두었다'고 합니다. 종은 주인을 완고하고 욕심 많은 주인으로 잘못 알고 있었고 행여 실수라도 하여 돈을 잃으면 주인에게 호된 야단을 맞을 것이라고 생각했습니다. 그래서 주인이 두려워서 주인에게 받은 달란트를 땅에 묻어 두었습니다. 그러나 그것은 오해였습니다. 주인은 그런 주인이 아니었습니다. 종들이 열심히 일해서 남긴 것을 다시 종들에게 돌려준 것만 보아도 주인은 한 달란트 받은 종이 생각한 것처럼 악한 주인이 아니라 선한 주인이었습니다. 종들이 주인을 위해 일했지만 결국 그 모든 것들은 자신의 것이 되었습니다.

이것이 하나님을 위해 일한 자들에게 주어지는 보상입니다. 우리가 하나님을 위해 하는 모든 충성은 실상 나 자신을 위한 것입니다. 하나님은 우리에게 은혜를 베푸시고 영생을 선물로 주시며 풍성한 삶을 살게 하시는 분입니다. 하나님은 우리의 작은 충성을 보고도 착하고 충성된 종이라고 칭찬하며 많은 것으로 보상해 주십니다.

'네가 작은 일에 충성하였으니 많은 것으로 네게 맡기겠고 네 주인의 즐거움에 참여하라'고 하시는 분입니다. 그리고 성경은 말씀합니다.

하 나 님 나 라 와 달 란 트

각각 자기가 일한 대로 자기의 상을 받으리라(고전 3:8)

각각 자기가 일한 대로 상을 받게 된다고 합니다. 우리가 주님을 위해 희생하는 것 같지만 아닙니다. 받을 상이 있는 것입니다. 저는 여러분이 하나님께서 맡겨주신 달란트를 적극적으로 사용하여 하나님께 영광을 돌릴 뿐 아니라 착하고 충성된 종이라는 인정과 함께 상도 받게 되기를 바랍니다.

주인이 한 달란트 받은 종에게 말합니다.

그 주인이 대답하여 이르되 악하고 게으른 종아 나는 심지 않은 데서 거두고 헤치지 않은 데서 모으는 줄로 네가 알았느냐 그러면 네가 마땅히 내 돈을 취리하는 자들에게나 맡겼다가 내가 돌아와서 내 원금과 이자를 받게 하였을 것이니라 하고(마 25:26-27)

'악하고 게으른 종아 너는 내가 심지 않은 데서 거두고 헤치지 않는 데서 모으는 줄로 알았느냐? 그렇다면 내 돈을 은행에라도 맡겼다가 내가 올 때 내 원금과 이자를 받게 해야 하지 않겠느냐?' 라며 종을 책망했습니다. 하나님은 우리에게 하나님의 나라를 위해 일할 수 있도록 자원을 주셨는데 그 자원을 땅에 묻고 아무것도 하지 않는 종이 되어서는 안 된다는 것입니다. 주인이 말합니다.

> 무릇 있는 자는 받아 풍족하게 되고 없는 자는 그 있는 것까지 빼앗기리라 이 무익한 종을 바깥 어두운 데로 내쫓으라 거기서 슬피 울며 이를 갈리라 하니라 (마 25:29-30)

있는 자는 받아 풍족하게 되고 없는 자는 있는 것까지 빼앗기게 된다고 합니다. 그리고 이 무익한 종을 바깥 어두운 데로 내쫓으라고 합니다. 거기서 슬피 울며 이를 갈게 될 것이라고 합니다. 충성하는 자에게는 더 많은 것을 주시고, 불충한 종에게는 있는 것도 빼앗고 내쫓아 어두운 데서 슬피 울며 이를 갈게 하겠다고 합니다.

그렇다면 우리가 하나님의 나라를 위해 바르게 사용해야 할 달란트는 무엇이 있을까요?

1) 시간입니다.

시간은 우리가 하나님께 받은 소중한 달란트입니다. 우리는 이 시간을 헛되이 낭비해서는 안 됩니다. 시간을 허비하는 것은 하나님의 뜻과 무관하게 시간을 쓰는 것을 말합니다. 나의 정욕을 위해 시간을 쓰고 죄짓는 일에 시간을 쓰는 것을 말합니다. 그래서 우리는 시간을 사용할 때 어떻게 시간을 보내야 할지 생각하며 결정해야 합니다. 중요한 일에 우선순위를 두고 시간을 배정해야 합니다. 하나님과 교제하고 예배하는 일, 믿음이 성장하기 위해 투자하는 일, 그리고 사랑하고 사람의 생명을 살리고 치유하는 일, 섬기고 제자 삼는 일에 우선순위를 두어야 합니다. 물론 가정생활, 직장생활, 사회적 책임에도 충실해야 합니다. 게으름이나 악한 일에 시간을 씀으로 시간을 낭비하지 않아야 합니다.

2) 재정입니다.

돈의 힘은 큽니다. 돈을 잘못 사용하면 자원을 낭비하게 되고 돈을 바르게 사용하면 좋은 일을 할 수 있습니다. 우리는 사람을 사랑하고 섬기며 생명을 살리고 치유하는 일에 우리의 재정을 사용할 줄 알아야 합니다. 돈을 벌어서 오로지 자신만을 위해 쓴다면 보람과 행복보다 허무와 불안을 느끼게 될 것입니다. 하지만 돈을 가치 있고 보람있게 사용하면 하나님께 영광이 되고 사람들에게는 하나님의 사랑을 알리게 되며 나 자신은 기쁨과 보람을 얻게 됩니다.

예수님은 자신만을 위해 돈을 쓰는 것이 땅에 보물을 쌓는 일이라면 하나님이 기뻐하시는 곳에 돈을 쓰는 것은 하늘에 보물을 쌓는 일이라고 말씀합니다. 또한 땅에 쌓은 보물은 좀과 녹이 슬고 도둑이 구멍을 뚫게 되지만 하늘에 쌓은 보물은 좀이나 녹이 슬지 않고 도둑도 구멍을 뚫지 못한다고 합니다. 진정으로 나를 위해 재물을 쌓는 길은 하늘에 재물을 쌓는 것인데 그것은 하나님의 뜻에 맞게 그리고 하나님의 기쁨이 되도록 우리의 재정을 사용하는 것을 말합니다.

미국에서 가장 영향력 있는 여성 100인 가운데 한 사람으로 선정된 오프라 윈프리 여사는 〈이것이 사명이다〉라는 책에서 '남들보다 더 가진 것이 있다면 그것은 축복이 아니라 사명이다. 남들보다 아픈 상처가 있다면 그것은 고통이 아니라 사명이다. 남들보다 더 설레는 일이 있다면 그것은 감동이 아니라 사명이다. 남들보다 더 부담되는 일이 있다면 그것은 짐이 아니라 사명이다'라고 말합니다.

우리는 헌금 생활에도 충실해야 합니다. 헌금은 내게 있는 모든 것이 하나님의 것임을 인정하는 신앙고백이며 하나님이 베푸신 은혜에 감사하는 것이며 나아가 하나님의 나라를 위해 드리는 헌신입니다. 교회가 하나님께서 맡기신 사역을 감당하는 데도 재정이 필요합니다. 그래서 우리는 헌금하는 일에도 성실해야 합니다. 그것이 우리의 재정을 바르게 쓰는 일이며 하늘에 우리의 보물을 쌓는 일입니다. 헌금은 복을 받기 위해 드리는 복채가 아닙니다. 그럼에도 불구하고 하나님은 헌신하는 자에게 복을 주십니다.

만군의 여호와가 이르노라 너희의 온전한 십일조를 창고에 들여 나의 집에 양식이 있게 하고 그것으로 나를 시험하여 내가 하늘 문을 열고 너희에게 복을 쌓을 곳이 없도록 붓지 아니하나 보라(말 3:10)

우리가 온전한 십일조를 창고에 들여 하나님의 집에 양식이 있게 하면 하나님은 우리에게 복을 주시겠다고 약속하십니다.

3) 은사와 재능입니다.

하나님이 우리에게 주신 은사, 재능, 사회적 지위, 능력 등은 하나님의 나라를 위해 사용해야 할 달란트들입니다. 우리는 하나님이 우리에게 주신 은사와 달란트를 가지고 다른 지체를 섬김으로 그리스도의 몸인 교회를 함께 세워가야 합니다. 교회가 예배, 전도, 양육, 교육과 훈련 등 핵심 사역을 잘 감당하도록 우리는 하나님께서 우리에게 주신 은사와 재능을 사용하여 서로를 섬겨야 합니다.

하나님께서 우리에게 주신 은사와 달란트를 가지고 예배를 섬길 때 더 은혜스럽고 감동이 있는 예배가 되고 서로를 섬길 때 우리는 더욱더 풍성한 하나님의 사랑을 체험하게 될 것입니다.

그러나 우리의 섬김은 교회 안에서만 국한되어서는 안 됩니다. 세상에서도 섬겨야 합니다. 우리는 세상을 위해 존재해야 하는 세상의 빛이요 소금이기 때문입니다. 우리는 이웃을 섬기고 나라를 섬기며 열방을 섬겨야 합니다.

셋째, 결산의 날을 대비해야 합니다.

오랜 후에 그 종들의 주인이 돌아와 그들과 결산할새(마 25:19)

오랜 후 주인이 돌아왔고 종들을 불러 결산하게 되었습니다. 이것은 우리 주님이 다시 오실 때 우리에게 일어나는 일입니다. 그때 우리가 청지기로서 어떻게 살았는지 결산하게 될 것입니다. 그래서 아무렇게나 살아서는 안 됩니다. 주님 앞에 서는 날, '착하고 충성된 종'이라는 칭찬과 함께 주인의 즐거움에 참여하자는 보상을 받을지언정 '악하고 게으른 종'이라는 책망과 함께 "이 무익한 종을 바깥 어둠에 내어 쫓고 거기서 슬피 울며 이를 갈게 하라"는 심판을 당해서는 안 될 것입니다.

어둠 속에서 슬피 울며 이를 가는 곳은 지옥을 상징합니다. 그렇다면 달란트를 사용하지 않으면 지옥에 간다는 말일까요? 그렇지 않습니다. 우리는 행위로 구원받는 게 아닙니다. 우리의 구원은 전적인 하나님의 은혜이며 믿음으로 받습니다. 그래서 우리가 하나님의 은혜로 구원받았다는 사실을 믿는다면 하나님을 위해 무언가를 하고 싶을 것입니다. 달란트를 땅에 묻고 아무것도 하지 않는 악하고 게으른 종이 아니라 하나님이 주신 달란트로 하나님과 하나님의 나라를 위해 사용함으로 착하고 충성된 종이라는 인정과 복을 받게 될 것입니다.

2

순
종

노아의 순종

노아가 그와 같이 하여
하나님이 자기에게 명하신 대로 다 준행하였더라

창세기 6:22

─────

노아는 인류의 조상 아담과 믿음의 조상 아브라함의 중간
시대에 살던 인물입니다. 노아 하면 생각나는 것이 홍수와
방주입니다. 하나님은 노아 시대의 세상을 홍수로 심판했고,
노아는 방주를 지어 자신과 가족을 구원했습니다. 그렇다면
하나님은 왜 노아 시대 사람들을 홍수로 심판했을까요? 그
이유를 성경은 이렇게 밝힙니다.

여호와께서 사람의 죄악이 세상에 가득함과 그의 마음으로
생각하는 모든 계획이 항상 악할 뿐임을 보시고 땅 위에 사
람 지으셨음을 한탄하사 마음에 근심하시고 이르시되 내가
창조한 사람을 내가 지면에서 쓸어버리되 사람으로부터 가

축과 기는 것과 공중의 새까지 그리하리니 이는 내가 그것들을 지었음을 한탄함이니라 하시니라(창 6:5-7)

여호와께서 사람의 죄악이 세상에 가득함을 보셨고, 사람이 마음으로 생각하는 모든 계획이 항상 악함을 보시면서 땅 위에 사람 지으셨음을 한탄하시고 근심하사 사람을 지면에서 쓸어버리되 사람으로부터 가축과 기는 것, 공중의 새까지 그리하시겠다고 합니다. 하나님은 사람들이 어떻게 사는지를 보십니다. 세상에 죄가 가득하고 마음의 생각과 계획이 항상 악함을 보셨습니다. 그래서 죄악이 가득한 세상을 사람뿐 아니라 짐승까지 다 쓸어버리겠다고 작정한 것입니다. 죄가 이처럼 무서운 결과를 가져왔습니다. 예수님은 세상 종말을 예고하시면서 세상의 종말도 노아의 때와 같이 될 것이라고 말씀합니다. 죄가 가득한 세상을 심판하신다는 것입니다.

주의 날이 도둑 같이 오리니 그날에는 하늘이 큰 소리로 떠나가고 물질이 뜨거운 불에 풀어지고(벧후 3:10)

주의 날이 도둑 같이 오는데 그날은 주님이 재림하는 날입니다. 그리고 그날 하늘이 큰 소리로 떠나가고 물질이 뜨거운 불에 풀어질 것이라고 합니다. 주님이 재림하실 때 세상에 무서운 심판이 임할 것을 예고하신 말씀입니다. 노아 때는 물로 심판했지만 세상 종말에는 불로 심판하실 것을 예고하신 것입니다.

그렇다면 노아 시대는 왜 이렇게 죄악이 가득한 세상이 되었을까요? 성경은 그 이유를 이렇게 설명합니다.

사람이 땅 위에 번성하기 시작할 때에 그들에게서 딸들이 나니 하나님의 아들들이 사람의 딸들의 아름다움을 보고 자기들이 좋아하는 모든 여자를 아내로 삼는지라 여호와께서 이르시되 나의 영이 영원히 사람과 함께 하지 아니하리니 이는 그들이 육신이 됨이라 그러나 그들의 날은 백이십 년이 되리라 하시니라(창 6:1-3)

사람이 땅 위에 번성하면서 하나님의 아들들이 사람의 딸들의 아름다움을 보고 자기들이 좋아하는 모든 여자를 아내로 삼았다고 합니다. 여기 하나님의 아들들은 믿음의 후손인 셋의 후손을 말하고, 사람의 딸들은 하나님을 떠난 가인의 후손들을 말합니다. 하나님 앞에서 경건하게 살아야 할 하나님의 자녀들이 세상 여자들의 외모와 조건을 보고 결혼함으로 하나님을 잃어버린 세상이 되었다는 것입니다.

그래서 하나님의 영이 영원히 사람과 함께하지 않겠다고 하십니다. 그 이유는 그들이 육신이 되었기 때문이라고 합니다. 그들이 육신이 되었다는 말은 하나님의 백성이 영적인 삶을 살지 않고 육신의 정욕을 따라 살았다는 말입니다.

그래서 하나님의 영이 사람과 함께하지 않겠다고 합니다. 하나님의 자녀들에게는 하나님의 영이신 성령님이 함께하십니다. 성령께서는 성도들과 함께하시며 성도들을 모든 진리 가운데로 인도하고 또 하나님이 은혜로 준 것들을 깨닫게 합니다. 그러나 하나님의 백성이 육신을 따라 살면 성령의 도움을 받기가 어렵습니다. 성령을 제한하고 성령의 음성을 듣지 못하기 때문입니다.

하나님의 자녀들이 이처럼 육신이 되어 살게 된 출발점은 불신 결혼이었습니다. 노아 시대 하나님의 사람들은 세상 여자들의 아름다움을 보고 안목의 정욕에 사로잡혀 불신 결혼을 했던 것입니다. 그로 인해 하나님을 잃어버린 시대가 되었습니다. 우리는 믿음을 계승하기 위해서는 무엇보다 믿음의 가정을 이루어야 하고 그러기 위해서는 믿음 안에서 결혼해야 합니다. 믿음의 배우자를 만나 경건하게 사는 믿음의 가정을 이루어야 합니다. 세상의 조건을 따라 불신 결혼을 하게 되면 믿음을 잃고 하나님을 떠나게 됩니다.

하나님은 죄악이 가득한 노아 시대를 보면서 하나님의 심판이 120년 후에 임할 것을 예고했습니다. 120년의 시간은 자신들의 죄를 회개하고 하나님께 돌아올 은혜의 기회였습니다. 하나님께서 죄악이 가득한 세상을 보시고 한탄하시며 심판을 예고하시면서도 바로 심판하지 않고 120년의 유예를 허락한 것은 죄인들을 향한 하나님의 사랑 때문이었습니다. 이런 분이 우리 하나님입니다. 하나님은 사랑이십니다. 그래서 죄인들을 사랑하십니다. 그러나 끝까지 하나님의 사랑을 받아들이지 않으면 하나님은 회초리를 드십니다. 회초리를 들기 전에 돌아와야 합니다.

그러나 하나님께서 심판하실 수밖에 없도록 죄악이 가득한 세상에서도 노아의 삶은 달랐습니다.

그러나 노아는 여호와께 은혜를 입었더라 이것이 노아의 족보니라 노아는 의인이요 당대에 완전한 자라 그는 하나님과 동행하였으며 (창 6:8-9)

노아는 하나님의 은혜를 입었고 그래서 의인이요 당대에 완전하였으며 하나님과 동행하였습니다. 죄악이 가득한 세상에서 노아가 의롭고 완전한 삶을 살 수 있었던 것은 하나님의 은혜 때문이요 하나님과 동행했기 때문이었다는 것입니다. 그렇습니다. 악한 세상에서 하나님의 은혜 없이 하나님과의 동행 없이 의롭고 완전하게 살 수 없습니다. 그래서 하나님은 노아에게 방주를 만들라고 합니다.

너는 고페르 나무로 너를 위하여 방주를 만들되 그 안에 칸들을 막고 역청을 그 안팎에 칠하라 (창 6:14)

고페르 나무로 노아 자신을 위하여 방주를 만들라고 합니다. 고페르 나무는 히브리어로 '고페르'(גפר)이고, 역청을

'코페르'(כֹּפֶר) 라고 합니다. 그리고 '칠하다'가 '카파르'(כָּפַר)인데 발음만 사용해서 문장을 작성해 보면 '고페르 나무로 방주를 만들고 코페르로 안팎을 카파르 하라'가 됩니다. 언어유희와도 같은 이 문장은 사실 카파르(כָּפַר)라는 단어의 의미를 강조하고자 함이 아닌가 생각이 됩니다. 이 단어 '칠하다'는 '가리다, 용서하다, 속죄하다'라는 의미도 있습니다. 역청으로 번역된 코페르(כֹּפֶר) 역시 '속전, 몸값, 구속의 대가'라는 의미를 가지고 있다는 것이 이런 의도가 반영된 것 아닌가 하는 생각이 듭니다. 방주는 하나님의 심판으로부터 많은 생명을 구하게 될 것인데 오직 생명들이 그 방주 '안에' 있을 때만 가능합니다. 마치 유월절에 문설주에 피가 발라져 있을 때 그 집에 재앙이 내리지 않은 것처럼 말입니다. 노아의 방주는 그 당시에 심판으로부터 피할 수 있는 유일한 구원의 방법이었습니다. 그리고 예수 그리스도는 온 인류가 구원받을 수 있는, 하나님께서 정하신 유일한 길입니다. 성경은 다음과 같이 말합니다.

> 예수께서 이르시되 내가 곧 길이요 진리요 생명이니 나로 말미암지 않고는 아버지께로 올 자가 없느니라(요 14:6)

노아의 방주가 역청으로 발라진 것처럼 예수 그리스도의 피가 사람들의 죄를 가리우고 덮을 때 속죄함을 받아 하나님의 심판을 피할 수 있음을 성경은 말하고 있습니다. 구원은 사람들의 죄를 가리시는 하나님의 사랑임을 우리는 믿기에 구원을 베푸신 하나님을 찬양합니다. 방주에는 방향을 잡아주는 키도 없고, 속도를 내는 돛도 없고, 정박할 수 있는 닻도 없습니다. 선장도 없고 선원도 없습니다. 이 배는 하나님만이 다스립니다. 사람들의 구원도 전적으로 하나님의 손에 달려 있음을 알게 하는 모형입니다.

노아가 만들어야 할 방주의 규격은 이러했습니다.

> 네가 만들 방주는 이러하니 그 길이는 삼백 규빗, 너비는 오십 규빗, 높이는 삼십 규빗이라 거기에 창을 내되 위에서부터 한 규빗에 내고 그 문은 옆으로 내고 상 중 하 삼층으로 할지니라(창 6:15-16)

방주의 규격은 길이가 삼백 규빗(135미터), 너비가 오십 규빗(22,5미터), 높이는 삼십 규빗(13,5미터), 방주의 바닥 면적은 축구장의 3배 농구장 코트의 27배 정도입니다. 상중하 3층으로 되어 있고 높이는 아파트 5, 6층 높이입니다. 그리고 내부는 칸들로 막았습니다. 창은 위에서부터 한 규빗에 내고 옆으로 하나의 문을 내라고 했습니다. 방주로 들어가는 문이 하나인 것도 예수 그리스도만이 유일한 구원의 길임을 알게 합니다.

노아는 하나님의 명령에 그대로 순종했습니다.

노아가 그와 같이 하여 하나님이 자기에게 명하신 대로 다
준행하였더라(창 6:22)

노아가 만든 방주의 규모는 그 당시 기술력과 연장을 가
지고 제작하기란 거의 불가능에 가까웠습니다. 그러나 노아
는 하나님께서 자기에게 명하신 대로 다 준행하였다고 합니
다. 놀라운 순종입니다. 물론 이 거대한 배를 노아 혼자 짓지
는 않았을 것입니다. 삯을 받고 도왔든 자원해서 거들었든
돕는 사람들이 있었을 것입니다. 혼자 방주를 만드는 일은
불가능한 일이었기 때문입니다. 노아가 도움을 청하기 위해
왜 이런 방주를 지어야 하는지 이유도 설명했을 것입니다.
그리고 방주 제작의 이유를 설명하는 것이 그들에게 하나님
의 심판 계획을 알리는 기회였을 것입니다. 방주를 짓는 일
에 수많은 사람들이 동원되었고 하나님의 심판 메시지를 들
었지만 정작 구원을 받은 사람은 노아와 가족뿐이었습니다.
그들이 방주 짓는 일을 도왔지만 그것이 믿음은 아니었음을
알게 합니다. 교회를 다니고 예배에 참석하고 봉사를 할 수
있지만, 그것이 구원받는 믿음이 아니고도 할 수 있음을 알
게 합니다.

　　노아가 방주를 지은 기간을 정확히 알 수는 없습니다.
그러나 여러 가지 정황으로 볼 때 적어도 100년 이상은 지
었을 것으로 추정됩니다. 그렇다면 노아는 어떻게 그처럼
긴 세월을 포기하지 않고 방주를 짓는 일에 헌신할 수 있었

191

을까요? 성경은 말씀합니다.

믿음으로 노아는 아직 보이지 않는 일에 경고하심을 받아 경외함으로 방주를 준비하여 그 집을 구원하였으니 이로 말미암아 세상을 정죄하고 믿음을 따르는 의의 상속자가 되었느니라(히 11:7)

믿음으로 노아는 아직 보지 못한 일에 경고하심을 받아 경외함으로 방주를 준비하여 그 집을 구원하였다고 합니다. 노아가 아직 보지 못한 일에 경고를 받았다는 말은 한 번도 홍수를 경험해 본 적이 없었지만 홍수 심판을 경고하신 하나님의 말씀을 믿고 경외함으로 방주를 지었다는 말입니다. 노아는 세상을 심판할 하나님의 계획을 듣고 경외심으로 방주를 지었습니다. 누가 순종하는 사람입니까? 믿음의 사람이 순종하고 하나님에 대한 경외심을 갖는 사람이 순종합니다. 노아는 방주를 짓기 위해 100년 넘게 순종했습니다. 한 번 순종하는 것은 누구나 할 수 있습니다. 그러나 평생을 한결같이 순종하는 것은 하나님에 대한 믿음 없이는 할 수 없습니다. 노아가 100년 넘게 방주를 짓기 위해서는 자신의 이성과도 싸워야 했고 외부의 비난이나 조롱과도 싸워야 했을 것입니다. 그럼에도 불구하고 그가 그렇게 긴 세월 방주 짓는 일에 순종할 수 있었던 것은, 그가 하나님의 은혜를 입었기 때문이며 하나님과 동행했기 때문입니다.

노아가 하나님의 은혜를 헛되이 받지 않았던 배경을 성경은 이렇게 소개합니다.

노아가 여호와께서 자기에게 명하신 대로 다 준행하였더라 홍수가 땅에 있을 때에 노아가 육백 세라(창 7:5-6)

노아가 여호와께서 자기에게 명한 대로 다 준행하여 방주를 짓고 홍수가 일어났을 때 노아의 나이가 육백 세였다고 합니다. 그런데 창세기 5장을 보면 아담부터 노아에 이르기까지 원 조상들의 족보가 소개되는데, 인류의 조상 아담이 130세에 셋을 낳았고 셋은 105세에 에노스를 낳았고 에노스는 95세에 게난을 낳았고 게난은 75세에 마할랄렐을 낳았고 마할랄렐은 65세에 야렛을 낳고 … 에녹은 65세에 무드셀라를 낳았다고 소개하고 있습니다. 그리고 노아는 500세에 셈과 함과 야벳을 낳았습니다.

노아는 500세가 된 후에 셈과 함과 야벳을 낳았더라(창 5:32)

130세에 낳은 셋은 아담의 셋째 아들입니다. 그리고 셋은 큰아들 가인이 아벨을 죽이고 난 후에 낳았습니다. 그리고 아벨이 죽었을 때는 제사를 드리는 성인이었기에 가인과 아벨은 아담의 나이 100세를 전후해서 낳았을 것으로 추정됩니다. 셋은 105세에 에노스를 낳았고, 그 이후 사람들은 첫아들을 대부분 100세 이전에 낳았습니다. 내려갈수록 첫아들을 낳는 나이가 짧아져 65세까지 내려갑니다. 그런데 막내인 노아는 500세가 된 후에야 세 아들을 낳았습니다. 60세 정도면 아들을 낳아야 정상인데 500세가 되도록 자식이 없었으니 노아의 마음이 어떠했을 것 같습니까? 자녀가 힘이요 재산이며 자녀가 많은 것을 복으로 생각하던 고대에 500세가 될 때까지 자녀를 얻지 못한 노아는 많이 의기소침하고 자신은 하나님께 복을 받지 못한 실패자로 여겼을 수도 있었을 것입니다.

그런데 이런 치명적인 약점이 노아로 하여금 하나님의 은혜를 구하며 하나님과 동행하는 삶을 살도록 하지 않았을까 생각됩니다. 이렇게 상상해 보는 것은 결코 무리한 상상은 아니라고 생각됩니다.

하나님을 신뢰하는 믿음의 사람들은 인간적으로 보면 많은 약점을 가진 사람들이었습니다. 믿음의 조상 아브라함도 나이 100세가 될 때까지 자식이 없었고, 자신의 신변과 재산을 지켜주는 고향을 떠나 타국 생활을 하면서 나그네 인생을 살아야 했습니다. 그래서 하나님의 은혜를 구할 수밖에 없었고, 하나님과 동행하는 삶을 살 수밖에 없었습니다. 족장들의 삶이 다 그러했습니다. 이스라엘 지도자 모세도 태어나는 순간부터 나이 80이 될 때까지 온갖 시련을 겪어야 했습니다. 나이 40이 되었을 때는 미디안 광야로 도망을 가 40년 동안 잊힌 존재로 살아야 했습니다. 그래서 하나님과 동행했고 모세의 성품과 리더십이 길러졌습니다. 하나님의 마음에 합한 다윗도 오랜 세월 사울 왕에게 쫓기며 하나님께 전적으로 의존하는 삶을 살았습니다. 다니엘도 포로로 바벨론에 끌려가야 하는 비운의 시대를 살면서 하나님께 소망을 두게 되었고, 총리의 신분이 되어서도 하루 세 번씩 기도하는 영성의 사람이 되었습니다.

사실 노아가 500세가 되도록 자녀를 얻지 못했으니 아픔과 절망이 컸을 것입니다. 그러나 그 연약함이 노아로 하여금 하나님께 은혜를 구하게 만들었고 하나님을 붙들며 살도록 했을 것이고, 그것이 오랜 세월을 견디며 방주를 짓는 '순종'을 하게 만들었을 것입니다.

오늘 여러분에게 어떤 어려움과 시련과 아픔과 실패의 고통이 있습니까? 그 고통 때문에 하나님께 은혜를 구하고 하나님과 동행할 수 있기를 바랍니다. 그래서 순종의 사람이 되고 하나님이 예비하신 복을 누리기 바랍니다. 여러분이 겪는 고통과 아픔은 하나님의 은혜를 구하게 하고 하나님과 동행하게 함으로 순종하여 복을 받게 하려는 하나님의 초대장입니다. 노아처럼 묵묵히 순종의 길을 갈 수 있기를 바랍니다.

아브라함의 순종

여호와께서 아브람에게 이르시되
너는 너의 고향과 친척과 아버지의 집을 떠나
내가 네게 보여 줄 땅으로 가라
내가 너로 큰 민족을 이루고 네게 복을 주어
네 이름을 창대하게 하리니 너는 복이 될지라
너를 축복하는 자에게는 내가 복을 내리고
너를 저주하는 자에게는 내가 저주하리니
땅의 모든 족속이 너로 말미암아 복을 얻을 것이라
하신지라 이에 아브람이 여호와의 말씀을 따라갔고
롯도 그와 함께 갔으며 아브람이 하란을
떠날 때에 칠십오 세였더라

창세기 12:1-4

사람은 육체와 영혼으로 구성되어 있습니다. 육체는 겉사람이고 영혼은 속사람입니다. 우리의 겉사람인 육체가 건강하게 생명을 유지하기 위해서는 좋은 음식을 먹고 소화도 잘 시켜야 합니다. 우리의 속사람도 건강하려면 영의 음식인 말씀을 잘 먹고 삶에 적용해야 합니다. 신앙생활을 한 지 10년, 20년이 지나도 속사람이 성장하지 않고 있다면 그것은 문제입니다. 어린아이가 태어나서 자라지 않을 때 부모의 근심거리가 되듯이 하나님의 근심거리가 될 수밖에 없습니다.

속사람이 성장한다는 것은 하나님의 형상 곧 예수님을 닮아가는 것입니다. 우리가 예수님을 닮아간다면 어떤 모습이겠습니까? 참으로 아름답고 매력적인 사람이 될 것입니다. 감동을 주는 사람이 될 것입니다. 만나는 사람들에게 축복의 통로가 될 것입니다.

그렇게 되려면 영의 양식인 하나님의 말씀을 먹고 순종해야 합니다. 우리가 영의 양식을 먹는다는 것은 말씀을 지적으로만 습득하는 것을 말하지 않습니다. 영혼의 양식으로 섭취하고 들은 말씀을 따라 사는 것입니다. 예수님이 제자들과 함께 사마리아의 수가성을 찾아갔을 때 제자들이 마을에 들어가 음식을 구해 와서 예수님에게 드리자 예수님은 말씀합니다.

예수께서 이르시되 나의 양식은 나를 보내신 이의 뜻을 행하며 그의 일을 온전히 이루는 이것이니라(요 4:34)

'나의 양식은 나를 보내신 이의 뜻을 행하며 그의 일을 온전히 이루는 것이라'고 합니다. 예수님이 음식처럼 중요하게 여기는 것이 있는데 그것이 하나님의 뜻을 순종하는 것이라는 뜻입니다. 우리도 믿음으로 순종해야 합니다. 성경도 행함이 없는 믿음 즉 순종이 없는 믿음은 죽은 믿음이라고 합니다. 예수님은 "주여, 주여" 한다고 다 천국에 들어가는 게 아니라 하늘에 계신 아버지의 뜻대로 행하는 자라야 천국에 갈 수 있다고 했습니다. 많은 사람들이 주님께 와서 자신들이 주의 이름으로 선지자 노릇을 했고 귀신을 내쫓았으며 많은 권능을 행했다고 했지만 예수님은 '내가 너희를 도무지 모르겠다'고 합니다. '너희는 나와 상관없는 자들이라'고 말씀하신 것입니다. 그들이 그렇게 사역을 하면서도 하나님과 말씀을 따라 살지 않았기 때문입니다. 예수님이 귀히 여기는 믿음의 증표는 사역이 아니라 말씀에 순종하는 것이라고 말씀하신 것입니다.

예수님은 이어서 누구든지 예수님의 말씀을 듣고 행하는 자는 그 집을 반석 위에 지은 지혜로운 사람과 같지만 예수님의 말씀을 듣고도 행하지 않는 사람은 모래 위에 집을 지은 어리석은 자와 같다고 합니다. 사실 이 두 집이 어떻게 다른지 평소에는 잘 모릅니다. 그러나 이 두 집이 얼마나 다른지를 드러내는 순간이 왔습니다. 엄청나게 비가 내리더니 홍수가 나서 물이 닥친 것입니다. 이때 모래 위에 지은 집은 흔적도 없이 사라져 버렸고 반석 위에 지은 집은 끄떡 없이 버텼습니다.

우리도 평상시엔 우리의 믿음이 어떤 믿음인지 잘 모릅니다. 그러나 우리 믿음의 현주소를 드러내는 순간이 옵니다. 어려움이 찾아오고 시련이 닥쳐올 때입니다. 암에 걸리고 실패를 경험하며 인간 관계의 고통을 당할 때입니다. 평소 말씀을 듣고 순종하는 사람은 이런 시련 앞에서 견고하게 믿음의 모습을 드러내지만, 평소 말씀을 듣고 순종하지 않는 사람은 이런 위기 앞에서 믿음의 흔적이 사라져 버립니다.

순종은 인간의 운명을 갈라 놓는 절대 기준입니다. 성경이 말씀합니다.

한 사람이 순종하지 아니함으로 많은 사람이 죄인 된 것 같이 한 사람이 순종하심으로 많은 사람이 의인이 되리라(롬 5:19)

한 사람이 순종하지 않아 많은 사람이 죄인 되었고 한 사람이 순종하심으로 많은 사람이 의인이 되었다고 합니다. 첫째 아담이 불순종함으로 온 인류를 죄인 되게도 하였고 둘째 아담으로 오신 예수님이 순종하여 많은 사람을 의인 되게 하였습니다.

나아가 순종과 불순종은 축복과 저주를 가져오는 통로이기도 합니다.

네가 네 하나님 여호와의 말씀을 삼가 듣고 내가 오늘 네게 명령하는 그의 모든 명령을 지켜 행하면 네 하나님 여호와께서 너를 세계 모든 민족 위에 뛰어나게 하실 것이라(신 28:1)

'네가 하나님의 말씀을 듣고 내가 네게 명령하는 모든 것을 지켜 행하면 네 하나님 여호와께서 너를 세계 모든 민족 위에 뛰어나게 하실 것이라'고 합니다. 그러나 반대의 경우도 말씀합니다.

네가 만일 네 하나님 여호와의 말씀을 순종하지 아니하여

내가 오늘 네게 명령하는 그의 모든 명령과 규례를 지켜 행

하지 아니하면 이 모든 저주가 네게 임하며 네게 이를 것이

니(신 28:15)

'네가 만일 하나님의 말씀을 순종하지 않고 하나님의 명
령과 규례를 지켜 행하지 아니하면 모든 저주가 네게 이를
것이라'고 합니다. 내가 하나님께 복을 받고 살 것인가? 저
주의 대상이 될 것인가? 이것을 결정하는 기준이 하나님을
향한 순종 여부에 달려 있습니다. 믿음의 사람은 순종의 사
람이어야 합니다. 오늘은 믿음의 조상 아브라함의 순종을
살펴 보고자 합니다. 아브라함은 하나님께 두 가지 명령을
받고 순종했습니다.

첫째, '떠나서 가라'는 명령에 순종했습니다.

여호와께서 아브람에게 이르시되 너는 너의 고향과 친척

과 아버지의 집을 떠나 내가 네게 보여 줄 땅으로 가라(창

12:1)

여호와께서는 아브라함에게 말씀합니다. '너는 너의 고향
과 친척, 아버지의 집을 떠나 내가 네게 보여줄 땅으로 가라.'
아브람이 떠나야 할 고향, 친척, 아버지의 집은 아브람에게
어떤 의미가 있는 곳일까요? 아브람이 떠나야 할 고향은 당
시 메소포타미아 문명의 발상지였습니다. 모든 사람이 살고

싶어 하는 선망의 도시였습니다. 게다가 당시 문화에서 고향과 친척, 아버지의 집은 자신을 지키고 보호해 주는 울타리였습니다. 그래서 떠나기가 쉽지 않는 곳입니다. 그런데 하나님은 그곳을 떠나라고 하십니다. 그가 지금까지 의지한 곳을 떠나지 않고는 하나님을 의지할 수 없기 때문입니다.

하나님은 우리에게도 하나님을 의지하기 위해 떠나라고 말씀하십니다. 미국 아주사 퍼시픽 대학교, 미시건의 스프링 아버 대학교의 영성신학 교수이며, "레노바레"(Renovare)의 설립자로서 영성 운동의 대중화에 힘썼던 리처드 포스터(Richard J. Foster)는 우리가 늘 의지하는 것으로, 떠나야 할 세 가지를 돈(money), 섹스(sex), 권력(power)이라고 했습니다. 사람들은 돈과 힘을 하나님처럼 의지하고 쾌락을 사랑하며 산다는 것입니다. 그러나 이런 것들을 의지하고 사랑하는 것에서 떠나야 합니다. 그래야 하나님과 동행할 수 있습니다.

예수님이 길을 가고 있을 때, 한 사람이 달려와 예수님께 인사하며 물었습니다. '선한 선생님이여, 내가 무엇을 하여야 영생을 얻으리이까?' 그는 무엇을 함으로 영생을 얻을 수 있다고 생각했던 것입니다. 예수님은 '네가 계명을 아나니 살인하지 말라. 간음하지 말라. 도둑질하지 말라. 이런 인간 계명들을 지키라.'고 했습니다. 그러자 그는 그것은 어려서부터 다 지켰던 것이라고 합니다. 이때 예수님께서 말씀합니다.

예수께서 그를 보시고 사랑하사 이르시되 네게 아직도 한 가지 부족한 것이 있으니 가서 네게 있는 것을 다 팔아 가난한 자들에게 주라 그리하면 하늘에서 보화가 네게 있으리라 그리고 와서 나를 따르라 하시니 (막 10:21)

예수님은 그를 보시고 사랑하사 그에게 아직 한 가지 부족한 것이 있다고 하시며 네게 있는 것을 다 팔아 가난한 자들에게 주고 와서 예수님을 따르라고 하십니다. 영생의 길을 묻는 그에게 그가 가진 것을 다 팔아서 구제하고 예수님을 따르라고 한 것은 그 사람이 소유를 하나님처럼 의지하고 있었기 때문입니다. 그가 재물을 내려놓지 않고는 예수님을 진정으로 따를 수 없었기 때문입니다. 그래서 예수님은 그에게 '네게 있는 것을 팔아 가난한 자들에게 주면 하늘에서 보화가 네게 주어지고 나를 따르면 네가 영생을 얻게 될 것이라'고 말씀했습니다.

그러나 그 사람은 재물이 많은 고로 슬픈 기색을 띠고 근심하며 예수님을 떠나갔습니다. 그리고 예수님은 떠나가는 그를 보고 제자들에게 말씀합니다.

재물이 있는 자는 하나님의 나라에 들어가기가 심히 어렵도다 … 하나님의 나라에 들어가기가 얼마나 어려운지 낙타가 바늘귀로 나가는 것이 부자가 하나님의 나라에 들어가는 것보다 쉬우니라 (막 10:23-25)

여기서 재물이 있는 자란 재물을 하나님처럼 의지하는 자입니다. 이런 사람은 하나님 나라에 들어가기가 얼마나 어려운지 낙타가 바늘귀를 통과하는 것보다 더 어렵다고 합니다. 재물이 많으면 재물을 의지하게 되기 때문입니다.

그렇다면 예수님의 말씀은 돈을 다 버리라는 말씀입니까? 그것은 아닙니다. 예수님이 말씀하신 것은 의지의 대상을 바꾸라는 뜻입니다. 재물을 의지하지 말고 하나님을 의지하라는 것입니다. 재물을 주인 삼고 살면 하나님을 주인 삼고 살 수 없기 때문입니다. 재물을 의지하며 사는 사람은 재물의 종이 되기 때문입니다. 재물의 종이 된 사람은 하나님의 뜻에 맞게 재물을 사용하지 못합니다. 그러나 하나님을 주인 삼고 사는 사람은 재물을 하나님께서 기뻐하시는 곳에 사용할 수 있습니다.

예수님은 말씀합니다.

나와 복음을 위하여 집이나 형제나 자매나 어머니나 아버지나 자식이나 전토를 버린 자는 현세에 있어 집과 형제와 자매와 어머니와 자식과 전토를 백 배나 받되 박해를 겸하여 받고 내세에 영생을 받지 못할 자가 없느니라 (막 10:29-30)

복음을 위해 집이나 가족, 전토를 버리는 자는 현세에서 백 배나 받게 되고 박해도 겸하여 받지만 내세에 영생을 얻지 못할 자가 없다고 합니다. 집과 가족, 전토를 버리라는 말

은 이런 것들을 하나님보다 더 소중한 의지의 대상이나 사
랑의 대상으로 삼지 말라는 뜻입니다. 이런 것을 내려 놓으
면 현세에서도 백 배나 받게 됩니다. 진정한 나의 소유가 되
어 풍성하게 누리게 된다는 뜻입니다. 그리고 이런 사람은
내세에 영생을 받지 못할 자가 없다고 합니다.

우리가 떠나야 할 고향, 친척, 아버지 집은 하나님보다 더
사랑하는 것들입니다. 하나님보다 더 사랑하는 것은 우상이
고 죄입니다. 우리가 하나님을 사랑하고 하나님의 뜻을 따
라 살기 위해서는 하나님보다 더 사랑하는 것들을 내려놓아
야 합니다. 성경은 말씀합니다.

이 세상이나 세상에 있는 것들을 사랑하지 말라 누구든지
세상을 사랑하면 아버지의 사랑이 그 안에 있지 아니하니
이는 세상에 있는 모든 것이 육신의 정욕과 안목의 정욕과
이생의 자랑이니 다 아버지께로부터 온 것이 아니요 세상
으로부터 온 것이라 (요일 2:15-17)

이 세상이나 세상에 있는 것들을 사랑하지 말라고 합니
다. 세상에 있는 것들은 육신의 정욕과 안목의 정욕과 이생
의 자랑들입니다. 그리고 이런 것은 아버지께로부터 온 것
이 아니요 세상으로부터 온 것이라고 합니다. 그리고 세상
을 사랑하면 하나님의 사랑이 그 안에 없다고 합니다.

아브람은 원래 갈대아 우르에서 부름을 받았지만, 하란에

서 상당 기간 지체하다 재차 부름을 받고 하란을 떠났습니다. 아브람에게도 방황의 시간이 있었습니다. 우리에게도 영적 방황이 있을 수 있습니다. 그러나 하란의 방황은 휴게소처럼 잠깐이어야지 목적지처럼 장시간이 되어서는 안 됩니다. 지금 하란에서 영적으로 방황하고 있다면 하란을 즉시 떠나기 바랍니다. 세상이 주는 유혹의 자리를 떠나기 바랍니다.

이렇게 떠나가야 할 이유를 하나님께서 말씀하십니다.

내가 너로 큰 민족을 이루고 네게 복을 주어 네 이름을 창대하게 하리니 너는 복이 될지라 너를 축복하는 자에게는 내가 복을 내리고 너를 저주하는 자에게는 내가 저주하리니 땅의 모든 족속이 너로 말미암아 복을 얻을 것이라 하신지라(창 12:2-3)

'내가 너로 큰 민족을 이루고 네게 복을 주어 네 이름을 창대하게 할 것이며 너는 복이 될 것이다. 너를 축복하는 자에게 내가 복을 내리고, 너를 저주하는 자에게는 내가 저주하리니 땅의 모든 족속이 너로 말미암아 복을 얻을 것이다.' 하나님은 아브라함에 대해 놀라운 계획을 갖고 있었습니다. 그에게 복을 주며 그를 통해 온 인류가 복을 받게 하는 것이었습니다. 그런데 그 복이 고향과 친척, 아버지 집을 떠나는 순종을 통해 이루어지는 것입니다.

아브라함은 하나님의 말씀을 듣고 순종합니다.

이에 아브람이 여호와의 말씀을 따라갔고 롯도 그와 함
께 갔으며 아브람이 하란을 떠날 때에 칠십오 세였더라(창
12:4)

아브람이 여호와의 말씀을 따라갔는데 그때 아브람의 나
이가 75세였습니다. 아브라함 때의 나이 개념과 지금 나이
개념이 좀 다르지만 그럼에도 불구하고 75세 나이는 모험할
나이는 아닙니다. 그러나 아브라함은 말씀을 따라갔습니다.
순종한 것입니다. 순종하는 데 형태는 달라도 누구에게나
장애물이 있을 수 있습니다. 어떤 사람은 나이가, 어떤 사람
은 환경이, 어떤 사람은 가족이 그러나 순종의 길을 가기 위
해 이런 장애물을 극복해야 합니다.

두 번째, 아들을 드리라는 명령에 순종했습니다.

아브람은 나이 100세가 되어 아들 이삭을 얻었습니다. 하
나님은 그 아들을 통해 하늘의 별과 같고 바다의 모래알같이
많은 후손을 주겠다고 약속했습니다. 그런데 어느 날 아브라
함은 너무나도 혼돈스러운 하나님의 말씀을 듣게 됩니다.

여호와께서 이르시되 네 아들 네 사랑하는 독자 이삭을 데
리고 모리아 땅으로 가서 내가 네게 일러 준 한 산 거기서
그를 번제로 드리라(창 22:2)

'네 사랑하는 독자 이삭을 데리고 모리아 땅으로 데리고 가서 내가 네게 일러 준 한 산에서 그를 번제로 드리라'고 합니다. 그런데 아브라함에게는 그냥 아들이 아니라 '네 사랑하는 독자 이삭'입니다. 그 아들을 번제로 바치라는 것입니다. 번제는 짐승을 죽여 불태워 드리는 제사입니다. 말이 안 되는 명령입니다. 하나님의 성품과도 맞지 않고 하나님의 약속과도 맞지 않습니다. 이해되지 않는 명령입니다. 그런데 아브라함은 그 말씀을 듣고 즉시 순종합니다. 히브리서 기자는 하나님께서 이삭을 다시 살려서라도 약속을 이루실 줄 아브라함이 믿었다고 소개합니다. 참으로 놀라운 믿음입니다. 이 믿음으로 이해되지 않는 명령에 순종한 것입니다.

아브라함은 사랑하는 아들 독자를 결박하여 제단 위에 눕히고 칼을 뽑아 들었습니다. 바로 그때 여호와의 사자가 외칩니다.

> 그 아이에게 네 손을 대지 말라 그에게 아무 일도 하지 말라 네가 네 아들 네 독자까지도 내게 아끼지 아니하였으니 내가 이제야 네가 하나님을 경외하는 줄을 아노라 (창 22:12)

'그 아이에게 손을 대지 말고 아무 일도 하지 말라. 네가 네 아들 네 독자까지도 내게 아끼지 아니하였으니 이제야 네가 하나님을 경외하는 줄을 알겠다'고 하십니다. 하나님이 아브라함에게 원했던 것은 아들을 번제로 바치는 인육 제사가 아니었습니다. 아브라함이 진정 하나님을 사랑하고 경외하는지 고백하라는 것이었습니다. 그 고백이 아들을 바치는 희생이었고 이해되지 않는 명령에도 순종하는 것이었습니다. 하나님을 향한 우리의 사랑은 말로만 증명되지 않습니다. 순종으로 증명되고 희생으로 증명됩니다.

순종하는 아브람에게 하나님은 복을 약속합니다.

> 여호와께서 이르시기를 내가 나를 가리켜 맹세하노니 네가 이같이 행하여 네 아들 네 독자도 아끼지 아니하였은즉 내가 네게 큰 복을 주고 네 씨가 크게 번성하여 하늘의 별과 같고 바닷가의 모래와 같게 하리니 네 씨가 그 대적의 성문을 차지하리라 또 네 씨로 말미암아 천하 만민이 복을 받으리니 이는 네가 나의 말을 준행하였음이니라(창 22:16-18)

하나님은 맹세까지 하며 '네가 네 아들 독자도 아끼지 아니하였으니 내가 네게 큰 복을 주고, 네 씨를 크게 번성하게 하고 네 씨가 대적의 성문을 차지하고 네 씨로 천하 만민이 복을 받게 하겠다'고 약속하십니다. 그리고 이런 복을 준 것이 아브라함이 하나님의 말을 준행했기 때문이라고 합니다. 하나님께서 아브라함에게 주신 복은 그의 씨를 통해 인류를 구원할 자를 보내겠다는 것입니다. 순종을 통해 이 복에 참여할 수 있기를 바랍니다.

이삭의 순종

아브라함 때에 첫 흉년이 들었더니
그 땅에 또 흉년이 들매 이삭이 그랄로 가서
블레셋 왕 아비멜렉에게 이르렀더니
여호와께서 이삭에게 나타나 이르시되
애굽으로 내려가지 말고 내가 네게 지시하는 땅에
거주하라 이 땅에 거류하면 내가 너와 함께 있어
네게 복을 주고 내가 이 모든 땅을 너와 네 자손에게
주리라 내가 네 아버지 아브라함에게 맹세한 것을
이루어 네 자손을 하늘의 별과 같이 번성하게 하며
이 모든 땅을 네 자손에게 주리니 네 자손으로 말미암아
천하 만민이 복을 받으리라 이는 아브라함이 내 말을
순종하고 내 명령과 내 계명과 내 율례와 내 법도를
지켰음이라 하시니라 이삭이 그랄에 거주하였더니

창세기 26:1-6

하나님은 아브라함을 향해 놀라운 계획을 갖고 계셨습니다. 그에게 복을 주사 그를 통해 땅의 모든 족속이 복을 받게 하는 것이었습니다. 그러나 아브라함이 이 복에 참여하기 위해서는 하나님께 순종해야 했습니다. 지금까지 살아오던 고향, 친척, 아버지 집을 떠나 하나님이 보여주실 땅으로 가야 했습니다. 그의 고향, 친척, 아버지 집은 그에게는 생명과 재산을 지켜 주는 울타리와 같은 곳이었고 의지의 대상이었습니다. 그런데 그곳을 떠나 하나님이 지시하신 곳으로 가라는 것입니다. 눈에 보이는 세상을 의지하는 대신 보이지 않는 하나님을 의지하라는 것입니다. 이때 아브라함은 하나님의 말씀을 따라서 갔습니다. 하나님을 믿고 신뢰했기 때문입니다. 그래서 믿음은 순종의 열매를 맺습니다.

아브라함은 어느 날 귀를 의심하게 하는 하나님의 음성을 듣습니다. '네 아들 네가 사랑하는 독자 이삭을 번제로 바치라'는 것입니다. 말이 안 되는 명령이었습니다. 하나님의 성품과도 맞지 않고 하나님의 약속과도 맞지 않는 명령이었기 때문입니다. 그러나 아브라함은 그 명령에 순종합니다. 이해되어서가 아닙니다. 하나님의 사랑과 선하심을 신뢰했기 때문입니다. 그래서 믿음은 지적 동의가 아니라 순종이어야 합니다.

구약 성경에는 순종을 나타내는 세 개의 동사가 나타납니다. '샤마'(듣다, 순종하다)와 '샤마르'(지키다), '아사'(행하다)입니다. 이 세 동사가 한꺼번에 다 나타난 곳은 신명기 7장

12절 말씀입니다.

> 너희가 이 모든 법도를 듣고(샤마) 지켜(샤마르) 행하면(아사)
> 네 하나님 여호와께서 네 조상들에게 맹세하신 언약을 지
> 켜 네게 인애를 베푸실 것이라 (신 7:12)

　모세가 가나안 입성을 앞둔 이스라엘 백성에게 '너희가
이 모든 법도를 듣고 지켜 행하면 네 하나님께서 네 조상들
에게 맹세하신 언약을 지켜 네게 인애를 베풀 것이라'고 합
니다. '듣고 지켜 행하면'은 모두 순종의 단어들입니다. 같
은 말을 세 번이나 반복한 것은 강조하기 위함입니다. 순종
하는 자에게 하나님은 인애를 베푸시기 때문입니다. 순종의
여부에 의해 인간의 운명이 갈라졌고 축복과 저주도 갈라졌
습니다. 순종은 하나님에 대한 신뢰와 사랑, 공경에 대한 고
백입니다. 자녀가 부모에게 순종하는 것이 부모에 대한 사
랑이고 공경인 것과 같습니다. 그래서 순종은 신앙의 포장
지가 아니라 본질입니다. 하나님께서 우리에게 신앙의 본질
로 순종을 요구하신 것입니다.

213

　16세기 이탈리아 화가 카라바조는 아브라함이 이삭을 바
친 장면을 그렸습니다. 그 그림을 보면 이삭 앞에서 손에 칼
을 들고 서 있는 아브라함의 손을 천사가 붙들고 있습니다.
하나님께서 아브라함에게 원하셨던 것은 사랑하는 아들을
번제로 바치는 인육 제사가 아니었습니다. 가장 사랑하는

독자 아들까지라도 하나님께 드릴 수 있는 지 하나님에 대한 사랑과 경외심을 고백해 보라는 것이었습니다. 눈에 보이는 세상 것에 대한 사랑 때문에 하나님과 멀어지지 않도록 환기시키기 위한 시험이었습니다.

그런데 이 자리에서 더 놀라운 것은 이삭의 반응입니다. 아버지가 자신을 제물로 죽이려 하는데도 이삭은 어떤 저항도 하지 않고 아버지에게 몸을 맡깁니다. 산에 오를 때 번제에 쓸 나뭇단을 아들 이삭이 지고 올랐습니다. 이것은 아들 이삭이 아버지 아브라함보다 힘이 세었다는 증거일 수 있습니다. 그렇다면 자신을 죽이려 한 아버지 앞에서 얼마든지 도망치거나 저항할 수 있었을 텐데 이삭은 도망치거나 저항하지 않고 어떻게 죽기까지 아버지께 순종할 수 있었을까요?

그 상황을 이렇게 재구성해 볼 수 있습니다. 아브라함은 이삭을 데리고 하나님이 지시하신 곳에 이르러 말없이 제단을 쌓은 후 이삭의 팔을 붙들고 말합니다. '아들아, 내 말을 잘 들어라. 하나님께서 널 번제로 바치라고 하시는구나. 왜 그렇게 해야 하는지 잘 모르겠다. 그런데 하나님은 일찍이 너를 통해 하늘의 별과 같고 바다의 모래알같이 많은 후손을 주시겠다고 약속했었고, 네 씨를 통해 천하 만민이 복을 받게 하겠다고 약속했었다. 나는 하나님께서 그 약속을 반드시 지키실 것이라고 믿는다. 지금까지 하나님은 단 한 번도 약속하신 것을 어긴 적이 없었기 때문이다. 네가 태어난 것도 하나님께서 약속을 지킨 증거 중 하나란다. 그래서 내가 너를 번제로 바친다 해도 하나님은 너를 반드시 다시 살려 그 약속을 이루실 거라고 믿는다. 그러니 아들아, 두려워하지 말고 우리 하나님께 순종하자.'

아버지의 설명을 듣던 이삭은 닭똥 같은 눈물을 뚝뚝 떨어뜨리며 말합니다. '알았어요, 아빠, 그런데 무서워요!' 적어도 이 정도의 배경이 없다면 이삭의 행동은 이해되지 않습니다. 그렇다면 이삭은 어떻게 이런 순종을 할 수 있었을까요? 죽기까지 순종할 수 있는 힘을 누굴 통해 배웠을까요? 말할 나위 없이 아버지를 통해 배웠을 것입니다. 당시엔 성경도 없었고 교회도 없었고 성경 선생도 없었습니다. 모든 신앙이 가정에서 아버지를 통해 전수되던 시절이었습니다. 아버지는 가정의 제사장이요 성경 선생이었습니다. 이삭의 신앙은 아버지를 통해 형성된 것입니다. 유대인들은 1900년 동안 나라를 잃고 전 세계에 흩어져 살아야 했습니다. 그럼에도 불구하고 그들의 신앙과 언어, 문화를 지킬 수 있었던 것은 가정이 교회였고 학교였으며 부모가 성경 교사였기 때문입니다.

그렇다면 다음 세대가 무너져 가는 오늘날 우리 자녀들의 신앙교육을 누가 어디서 책임져야 하겠습니까? 가정에서 부모가 책임져야 합니다. 물론 교회가 필요하고 중요합니다. 그러나 자녀들의 신앙교육을 책임져야 할 곳은 가정이고 부모입니다. 교회는 가정에서 부모가 하는 신앙교육을 돕는 협조 기관일 뿐입니다. 이삭의 신앙은 아버지를 통해 배운 신앙이었습니다. 아버지 아브라함이 하나님 앞에서 살고 하나님께 순종하는 모습을 보면서 아들 이삭도 하나님께 순종하는 법을 배우게 된 것입니다. 내 자녀가 하나님 앞에 살고 하나님께 순종하는 자녀가 되길 원하십니까? 그렇다면 부모인 내가 하나님 앞에서 살고 하나님께 순종하는 부모가 되어야 합니다.

청소년 사역을 하는 어느 젊은 목사가 CBS TV에 나와 대담을 하며 이런 말을 했습니다. 교회에서 종종 성도님들이 '우리 아이 교회 좀 나오게 도와주세요.'라고 부탁을 한답니다. 그런데 그런 부탁을 받을 때 이해가 되면서도 마음 한쪽에서는 거부감도 일어난다고 합니다. '부모도 못한 일을 왜 나더러 하라는 거야?' 하는 마음 때문이랍니다. 이 말은 교역자의 책임을 회피하겠다는 말이 아니라 자녀의 신앙 교육의 가장 큰 책임이 부모에게 있다는 점을 강조하기 위함이었습니다. 물론 부모가 최선을 다해도 자녀가 하나님을 떠난 경우가 있습니다. 그러나 상당수의 경우 자녀의 믿음은 부모의 믿음을 보고 형성됩니다.

그렇다면 부모는 자신에게 물어야 합니다. '내 자녀가 나의 모습을 보고 배운다면 과연 내 자녀는 하나님을 알고 하나님을 사랑하며 하나님께 순종하는 자녀가 될 수 있겠는가?' 요즘은 자녀를 적게 낳고 자녀를 잘 키우고자 합니다. 그런데 자녀를 잘 키우는 기준이 좋은 음식을 먹이고 좋은 옷을 입히고 좋은 학원 보내고 좋은 학교에 보내는 것을 기준으로 삼는 경우가 있습니다. 그러나 우리는 내 자녀의 세상교육에 투자한 것에 비해 신앙교육에도 힘을 쓰고 있는지 신앙인으로서 자신에게 질문했으면 합니다.

그러나 무엇보다 중요한 자녀 교육은 말이 아니라 부모의 삶입니다. 부모가 하나님 앞에서 사는 모습을 보면서 내 자녀들이 하나님을 알고 하나님을 사랑하며 하나님께 순종할 수 있게 해야 합니다. 이삭이 죽기까지 하나님께 순종할 수 있었던 것은 아버지가 죽기까지 하나님께 순종하는 모습을 보였기 때문입니다. 부모는 가정과 일터에서 하나님 앞에 살고 하나님께 순종하며 살아야 합니다. 그러한 부모의 모습을 보며 내 자녀들이 하나님 앞에서 사는 법을 배우게 될 것입니다.

부모가 세상을 따라 살고 세상의 것을 얻기 위해 살아가고 하나님께 불순종하며 살고 있다면, 자녀들은 부모를 통해 하나님을 배우지 못할 것입니다. 부부가 행복하게 살지 못하고 지옥 같은 삶을 살고 있다면 자녀가 하나님 앞에서 사는 법을 배우지 못할 것입니다. 자녀들이 교회를 떠나는 것에 대해 교회도 책임을 져야 하지만 더 무겁게 책임을 져야 할 사람은 부모일 것입니다. 내 자녀가 이삭처럼 하나님께 순종하며 하나님께 복을 받는 자녀가 되게 하려면 부모인 내가 먼저 하나님 앞에서 살고 하나님께 순종하는 삶을 살아야 합니다. 그리할 때 내 자녀가 이삭처럼 하나님께 순종하는 자녀로 성장하게 될 것입니다.

그리고 죽기까지 순종한 이삭의 모습은 죽기까지 순종하신 우리 예수님의 예표이기도 합니다. 예수님은 죽기까지 아버지께 순종했습니다. 죽음 앞에서 가졌던 이삭의 순종은 털 깎는 자 앞에서도 잠잠한 어린양과 괴로울 때에도 입을 열지 않았던 예수님의 모습을 생각나게 합니다. 예수님이 죽기까지 순종하여 우리에게 구원의 길을 여신 것입니다. 그 예수님을 믿어 구원받고 하나님의 자녀가 된 우리는 마땅히 예수님처럼 순종하는 자녀가 되어야 합니다.

세월이 흘러 이삭이 성인이 되었을 때 그가 살고 있는 곳에 아버지 아브라함 때처럼 큰 흉년이 찾아온 적이 있었습니다. 그래서 이삭은 아버지가 그랬던 것처럼 흉년을 피해 애굽으로 내려갑니다. 그런데 하나님께서 이삭에게 나타나 말씀합니다.

> 여호와께서 이삭에게 나타나 이르시되 애굽으로 내려가지 말고 내가 네게 지시하는 땅에 거주하라 이 땅에 거류하면 내가 너와 함께 있어 네게 복을 주고 내가 이 모든 땅을 너와 네 자손에게 주리라 내가 네 아버지 아브라함에게 맹세한 것을 이루어 네 자손을 하늘의 별과 같이 번성하게 하며 이 모든 땅을 네 자손에게 주리니 네 자손으로 말미암아 천하 만민이 복을 받으리라 (창 26:2-4)

하나님은 이삭이 애굽으로 내려가지 말고 하나님이 지시하는 땅에 거주하면 그와 함께 있어 복을 주고 이 모든 땅을 그와 그 자손에게 줄 것이며 또 그의 자손을 하늘의 별과 같이 번성하게 하고 이 모든 땅을 그 자손에게 주리니 그 자손으로 인해 천하 만민이 복을 받게 할 것이라고 합니다. 이삭은 하나님의 말씀을 듣고 현실을 택할 것인지, 하나님의 말씀을 따를 것인지 선택해야 했습니다. 이때 이삭은 현실보다 하나님의 말씀을 선택합니다. 그래서 가던 길을 멈추고 그랄 땅에 거주합니다. 애굽에 내려가지 말라는 하나님의 말씀에 순종한 것입니다.

순종의 결과는 복이었습니다.

219

> 이삭이 그 땅에서 농사하여 그해에 백 배나 얻었고 여호와께서 복을 주시므로 그 사람이 창대하고 왕성하여 마침내 거부가 되어 양과 소가 떼를 이루고 종이 심히 많으므로 블레셋 사람이 그를 시기하여 (창 26:12-14)

이삭이 그 땅 곧 하나님이 머물라 한 땅에서 농사하여 그해에 백 배나 얻었고 또 여호와께서 복을 주시므로 창대하고 왕성하여 마침내 거부가 되었으며, 양과 소가 떼를 이루고 종도 심히 많아져 블레셋 사람들이 시기할 정도가 되었습니다. 하나님께 순종하면 하나님께서 복을 주시고 그 인생을 책임져 주십니다. 하나님께서 이삭에게 복을 주시며 이렇게 말씀합니다.

> 이는 아브라함이 내 말을 순종하고 내 명령과 내 계명과 내
> 율례와 내 법도를 지켰음이라 (창 26:5)

이는 즉 이삭이 이렇게 복을 받게 된 이유는 아브라함이 하나님의 말씀에 순종하고 그 명령과 그 계명과 그 율례와 그 법도를 지켰기 때문이라고 합니다. 이삭이 복을 받는 것이 아버지 아브라함의 순종 때문임을 말씀하신 것입니다. 부모의 삶이 자녀의 삶에도 영향을 미치는 것입니다. 우리의 자녀들이 하나님께 복을 받고 살게 하려면 부모인 우리가 하나님께 순종하며 살아야 합니다.

기독교 작가 존 비비어가 쓴 〈순종〉이란 책을 보면 그가 부 교역자 시절 경험한 일화를 소개합니다. 그는 교회에서 고등부를 담당하는 교역자였는데, 고등부를 부흥시킨 어느 교회 세미나에 다녀온 후 그 교회 프로그램을 자기 교회에도 적용하여 고등부를 부흥시키겠다는 전략을 갖고, 담임 목사님의 허락을 받고 24명의 리더를 뽑아 5개월 동안 훈련을 시켰습니다. 그런데 사역을 시작하기 3주 전 담임 목사님은 그 방법은 우리 교회의 방침과 달라 보인다며 5개월 동안 준비한 사역을 못하게 막았습니다. 존 비비어는 너무나 마음이 상했습니다. 그래서 집에 돌아와 아내 앞에서 담임 목사의 처사에 대해 말하며 불평을 늘어놓았습니다. 그런데

기도하는 도중 성령님께서 그 마음에 질문을 주었습니다. '네가 그렇게 마음에 불평하는 이유가 무엇이냐?' 성령님은 그동안의 준비가 영혼에 대한 관심도 있었지만 그보다 목회 성공에 대한 야망 때문임도 보게 하였습니다.

하나님으로부터 온 순수한 동기가 아니라 인간적인 동기가 있었음을 알게 하신 것입니다. 그는 하나님께 회개하고 담임 목사님께도 전화를 드려 목사님께 불평했던 잘못을 고백하며 용서를 구했습니다. 그는 5개월 동안 준비한 사역을 포기하면 아이들이 반발할 것이라고 생각했습니다. 그러나 담임 목사님의 목회 방침을 설명하며 담임 목사님께 순종해야 한다고 설명했을 때 단 한 명의 아이들도 불평하는 아이들이 없었고 그 아이들이 모두 고등부 안에서 훌륭한 리더가 되었습니다. 그 경험이 그로 하여금 〈순종〉이란 책을 쓰게 하였다고 밝혔습니다.

이 책의 영어 제목은 〈Under His Authority, 그의 권위 아래〉입니다. 우리는 하나님의 권위 아래 있는 자이고 그래서 하나님께 순종하는 자여야 한다는 것입니다. 그리고 하나님의 권위 아래서 순종하는 사람은 하나님의 보호 아래(under cover) 있게 된다고 합니다. 보호 아래(under cover) 있다는 것을 그는 다양한 경우를 통해 설명합니다. 추운 겨울날 이불을 덮고 잠을 자는 것도 보호 아래 있는 것이요 위험한 상황에서 어린아이가 부모 뒤로 몸을 숨기는 것도 보호 아래 있는 것이라고 합니다. 동물이 동굴 속에 몸을 숨기는 것, 눈보라가 치는 겨울날 따뜻한 방 안에 있는 것, 전쟁터에서 병사가 엄호를 받는 것도 보호 아래 있는 것이라고 합니다.

그런데 우리가 하나님께 순종할 때 하나님의 보호를 받게 됩니다. 우리는 운전을 할 때 교통 법규를 지켜야 합니다. 교통 법규를 지키는 것은 국가의 권위 아래 있는 것이고 우리는 권위에 순종함으로 보호를 받게 됩니다. 이것이 우리가 순종의 삶을 살아가면서 경험하는 복입니다.

야곱의　순종

하나님이 야곱에게 이르시되 일어나 벧엘로 올라가서
거기 거주하며 네가 네 형 에서의 낯을 피하여
도망하던 때에 네게 나타났던 하나님께 거기서 제단을
쌓으라 하신지라 야곱이 이에 자기 집안 사람과
자기와 함께 한 모든 자에게 이르되 너희 중에 있는
이방 신상들을 버리고 자신을 정결하게 하고 너희들의
의복을 바꾸어 입으라 우리가 일어나 벧엘로 올라가자
내 환난 날에 내게 응답하시며 내가 가는 길에서
나와 함께 하신 하나님께 내가 거기서 제단을 쌓으려
하노라 하매 그들이 자기 손에 있는 모든 이방 신상들과
자기 귀에 있는 귀고리들을 야곱에게 주는지라
야곱이 그것들을 세겜 근처 상수리나무 아래에 묻고
그들이 떠났으나 하나님이 그 사면 고을들로 크게
두려워하게 하셨으므로 야곱의 아들들을
추격하는 자가 없었더라 야곱과 그와 함께 한
모든 사람이 가나안 땅 루스 곧 벧엘에 이르고
그가 거기서 제단을 쌓고 그 곳을 엘벧엘이라 불렀으니
이는 그의 형의 낯을 피할 때에
하나님이 거기서 그에게 나타나셨음이더라

창세기 35:1-7

224

이삭은 육신의 아버지와 하늘 아버지께 죽기까지 순종함으로 예수님의 모형이 되었습니다. 당시엔 교회도 없고 성경도 없고 성경을 가르치는 교사도 없는 시대인데 이런 신앙을 어떻게 갖게 되었을까요? 아버지 아브라함을 통해 배운 신앙이었습니다. 유대인들에게는 가정이 학교이고 부모는 영적 제사장이며 교사였습니다. 하나님을 믿고 아는 신앙이 부모를 통해 자녀에게 전수되었습니다.

자녀는 부모의 거울이라고 합니다. 자녀의 모습에서 부모의 모습을 보는 것입니다. 자녀는 결국 부모를 닮기 때문입니다. 그래서 부모는 하나님 앞에 살고 하나님께 순종하며 자녀에게 좋은 신앙의 본이 되어야 합니다. 왕대밭에서 왕대 나고 쑥대밭에서 쑥대 난다고 합니다. 좋은 부모 밑에 좋은 자녀가 나오고 문제의 부모 밑에서 문제의 자녀가 나온다는 말입니다. 부모가 하나님의 자녀로 살면 자녀도 하나님의 자녀가 되고 부모가 세상적으로 살면 자녀도 세상적인 자녀가 될 가능성이 커지게 됩니다. 그래서 부모는 내 자녀에게 선한 영향을 끼치기 위해 하나님 앞에서 살아야 합니다.

이삭이 살던 곳에 아버지 때처럼 큰 흉년이 들자 이삭은 아버지 아브라함이 그랬던 것처럼 생존을 위해 양식이 있는 애굽으로 내려갑니다. 그러나 하나님은 애굽으로 가지 말고 하나님이 지시하신 땅에 살라고 합니다. 환경을 의지하지 말고 하나님을 의지하고 살라는 뜻입니다. 그리하여 이삭은 애굽으로 가던 길을 멈추고 그랄 땅에 자리를 잡습니다. 그리고 그 땅에서 농사를 지었는데 한 해 백 배의 소출을 얻었고 소 떼와 양 떼가 심히 많고 종들도 많아 거부가 되었습니다.

세월이 흘러 이삭은 두 아들을 얻었습니다. 쌍둥이였습니다. 그런데 하나님은 큰 자가 어린 자를 섬길 것이라고 하십니다. 그래서인지 그들은 태중에서부터 싸웠고 태에서 나올 때 동생이 형의 발꿈치를 잡고 나왔습니다. 그래서 이름을 야곱이라고 지었습니다. '발꿈치를 잡은 자'라는 뜻입니다. 동생 야곱은 늘 형의 자리를 탐했습니다. 한번은 형 에서가 사냥을 하고 돌아왔을 때 동생 야곱이 팥죽을 끓이고 있었습니다. 형이 팥죽을 구하자 동생 야곱은 형의 장자권을 넘기면 팥죽을 주겠다고 하였고, 에서는 장자권을 넘기는 조건으로 팥죽을 얻어먹었습니다. 이러한 행실에 대해 성경은 에서가 망령된 행실을 하였다고 평가합니다. 그는 하나님이 주시는 복을 가볍게 여겼던 것입니다.

어느 날 아버지 이삭은 아들 에서를 불러 자신이 언제 죽을지 모르니 죽기 전에 에서를 축복하고 싶다며 가서 자신이 좋아하는 별미를 준비해 오라고 말합니다. 이 말씀에 근거하여 〈큐티하는 남자〉의 저자 이의수 목사는 매일 밤 자녀를 축복한 후 잠들게 했다고 합니다. 자녀를 품에 안고 사랑을 고백하며 축복 기도를 해 준 다음 잠을 재웠다는 것입니다. 타 지역에 집회를 나갈 때면 전화로라도 축복 기도를 해 주었다고 합니다.

미국에서 한국인으로 최고위직에 오른 고 강영우 박사도

두 아들을 그렇게 축복하며 키웠다고 합니다. 잠자리에 들기 전 책을 읽어주어 상상의 날개를 펴게 해 주었고 자녀를 축복했습니다. 큰아들 진석이는 아버지의 격려와 축복 속에 영재반에 들어갔고 열심히 공부하여 아버지의 눈을 고쳐 주겠다며 안과 의사가 되었습니다. 2011년에는 '워싱턴 포스트지'가 뽑는 '슈퍼 닥터'(super doctor)가 되기도 했습니다. 둘째 아들 진영이는 법학을 해서 오바마 대통령의 선임 법률 고문이 되었습니다. 부모가 자녀를 축복하며 키우는 것은 부모에게 주어진 특권입니다.

그런데 아버지가 큰아들 에서를 축복한다는 말을 이삭의 아내 리브가가 듣고는 야곱을 불러 형이 받아야 할 축복을 가로채게 합니다. 큰 자가 작은 자를 섬길 것이라고 말씀하신 하나님의 약속 때문이었습니다. 그러나 그 일로 인해 에서는 동생 야곱을 죽이려 했고, 어머니 리브가는 둘째 아들 야곱을 친정집이 있는 밧단 아람으로 피신시키게 됩니다.

야곱이 하란으로 도망을 치다가 루스 들판에서 잠을 자는데 꿈에 하나님이 나타났습니다. '나는 네 조상의 하나님이다. 네가 누워 있는 땅을 너와 네 자손에게 주겠다. 그리고 네 자손이 땅의 티끌같이 되어 동서남북으로 퍼져나갈 것이며 땅의 모든 족속이 너와 네 자손으로 말미암아 복을 받을 것이다. 내가 너와 함께 있어 네가 어디로 가든지 너를 지키며 너를 이끌어 이 땅으로 돌아오게 하겠다. 내가 네게 약속한 것을 다 이루기까지 내가 너를 떠나지 않겠다.' 참으로 놀라운 약속이었습니다. 홀로 도망을 치며 두려움에 떨고 있는 야곱에게 하나님께서 나타나 내가 너와 함께하며 너를 지키고 네가 반드시 돌아오게 하겠고, 너와 네 자손을 통해 땅의 모든 족속이 복을 받게 하겠다고 약속해 주셨으니 얼마나 큰 힘이 되었겠습니까.

하나님께서 야곱을 찾아와 이런 약속을 주셨을 때 야곱은 홀로 있었습니다. 더군다나 생명을 위협을 느끼며 도망을 쳐야 하는 힘들고 고통스런 시간이었습니다. 사람은 누구나 홀로 있는 것을 두려워합니다. 그러나 내가 혼자라고 느끼며 힘들어하며 두려워할 때 하나님이 날 찾아오십니다. 내가 세상의 것들에 둘러싸여 살면 하나님이 보이지 않고 느껴지지 않습니다. 그러나 내가 혼자일 때 사람들은 나를 떠나지만 하나님은 나를 찾아오십니다. 여러분 중에도 그런 경험이 있는 분들이 있을 것입니다. 하나님을 만난 순간은 우리가 세상에서 잘나갈 때가 아닙니다. 가장 힘들고 고독하며 두려워하고 있을 때 하나님을 만나게 됩니다. 내가 처한 환경만 보고 낙심하거나 좌절하지 않기 바랍니다. 그때가 바로 하나님을 만날 시간이기 때문입니다.

제2차 세계대전 때 그 유명한 아우슈비치 수용소에서 생활하다 극적으로 살아남은 엘리 위젤(Elie Wiesel)은 1986년 노벨 평화상을 받았고 문학가로서 〈나이트〉(night,밤)라는 책을 썼습니다. 그는 그 책에서 나치 수용소에서 겪었던 이야기를 소개합니다. 한번은 수용소 안에서 무기를 소지하고 있다가 발각된 어른 두 명과 어린 소년이 교수형을 당하는 것을 지켜보아야 했습니다. 어른 두 사람은 금방 숨이 끊어졌습니다. 그러나 몸이 가벼운 소년은 30분이나 몸부림을 친 후 숨을 거두었습니다. 그 광경을 지켜보던 한 사람이 뒤에서 외쳤습니다. '하나님은 지금 어디에 있는가?' 그런데 그때 엘리 위젤의 마음속에 어떤 목소리가 들려왔습니다. '하나님이 어디 계시냐고? 저기 교수대에 매달려 있지.' 엘리 위젤은 하나님은 고통받는 사람들과 함께하는 분이라는 마음의 음성을 들은 것입니다.

독일의 루터 교회 목사이자 신학자인 디트리히 본회퍼(Dietrich Bonhoeffer, 1906년 2월 4일~1945년 4월 9일)는 반 나치 운동에 가담했다가 체포되어 감옥에 감금당해 모진 고문을 당했습니다. 그는 1944년, 성탄절을 앞두고 약혼녀 마리아에게 편지를 썼습니다. '주 선한 능력으로 날 안으시네. 그 크신 팔로 날 붙드시네, 절망 속에도 흔들리지 않고 사랑하는 주님 얼굴 구하리.' 그는 편지와 시를 약혼녀에게 보내고 다음 해 4월 독일이 패망하기 직전에 안타깝게도 사형을 당했습니다. 그가 쓴 시는 다음 해인 1946년에 한 작곡가에 의해 노래로 만들어졌고, 그 노래를 정지윤 씨가 편곡하여 우리에게 소개했습니다. '선한 능력으로'라는 찬양입니다.

주 선한 능력으로 안으시네 그 크신 팔로 날 붙드시네 절망 속에도 흔들리지 않고 사랑하는 주 얼굴 구하리 선한 능력

으로 일어서리 주만 의지하리 믿음으로 우리 고대하네 주
오실 그날 영광의 새날을 맞이하리 / 이전의 괴로움 날 에
워싸고 고난의 길을 걷는다 해도 주님께 모두 맡긴 우리 영
혼 끝내 승리의 날을 맞으리 선한 능력으로 일어서리 주만
의지하리 믿음으로 우리 고대하네 주 오실 그날 영광의 새
날을 맞이하리 / 주님이 마신 고난의 쓴 잔을 우리도 감사
하며 받으리 주님의 남은 고난 채워가며 예수와 복음 위해
살리라 선한 능력으로 일어서리 주만 의지하리 믿음으로
우리 고대하네 주 오실 그 날 승리의 새날을 맞이하리

그는 죽음 앞에서도 흔들리지 않고 사랑하는 주님의 얼
굴을 구하며 주님이 주시는 선한 능력으로 일어서겠다고 고
백합니다. 믿음으로 주만 의지하고 주만 고대하며 주님과
함께 영광의 새날을 맞이할 것이라고 합니다. 주님이 주시
는 선한 힘에 싸여 놀라운 평화를 누리고 고통 중에 있는 사
람들을 향해서는 그대들과 함께 한 해를 연다고 합니다. 혼
자라고 생각하는 분이 있습니까? 모든 순간 나와 함께하신
주님을 바라보기 바랍니다.
　하나님께 약속을 받은 야곱은 하나님께 서원을 합니다.

야곱이 서원하여 이르되 하나님이 나와 함께 계셔서 내가
가는 이 길에서 나를 지키시고 먹을 떡과 입을 옷을 주시어
내가 평안히 아버지 집으로 돌아가게 하시오면 여호와께서

나의 하나님이 되실 것이요 내가 기둥으로 세운 이 돌이 하
나님의 집이 될 것이요 하나님께서 내게 주신 모든 것에서
십분의 일을 내가 반드시 하나님께 드리겠나이다 하였더라
(창 28:20–22)

야곱이 하나님께 했던 서원은 세 가지였습니다. 첫째, 여
호와께서 그의 하나님이 되실 것이요 둘째, 그가 기둥으로
세운 이 돌이 하나님의 집이 될 것이며 셋째, 그에게 주신 모
든 것에서 십 분의 일을 드리겠다는 약속이었습니다. 야곱
이 했던 세 가지 약속을 요약하면, 평생 여호와만 섬기고 예
배자의 삶을 살며 십일조 생활을 하겠다는 서원이었습니다.
그런데 이것은 하나님을 만난 사람이라면 누구나 해야 할
고백입니다.

하나님이 나와 함께하시며 내 인생을 지켜 주시고 인도
해 주시며 복 주시는 하나님을 믿는 사람이라면, 하나님만
섬기고 예배자의 삶을 살며 소득의 십일조를 드림으로 하나
님께 반응할 줄 아는 사람이 되어야 합니다.

야곱은 빈손 들고 나갔다가 20년 만에 거부가 되어 돌아
왔습니다. 하나님은 약속한 대로 그를 지켜 주었고 복을 주
었기 때문입니다. 그런데 어찌 된 일인지 야곱은 하란에서
돌아와 벧엘로 가지 않고 세겜 땅에 머물며 그곳에 정착했
고 거기서 제단을 쌓았습니다. 벧엘에서 단을 쌓겠다고 약
속한 것을 세겜에서 쌓은 것으로 대치한 것입니다. 순종하

되 절반의 순종이었습니다. 세겜이 목축을 하기에 너무 좋은 환경이었기 때문일 가능성도 있습니다.

그러나 야곱은 더 이상 세겜에 머물 수 없는 상황에 이르게 됩니다. 외동딸 디나가 세겜 성읍의 추장에게 성폭행을 당하는 일이 벌어졌고 그로 인해 디나의 오빠들이 세겜 성의 남자들을 학살하는 사건이 일어납니다. 만약 가나안 부족들에게 이 일이 알려진다면 야곱의 가족은 진멸을 당할 상황입니다. 그 일로 야곱이 두려움에 떨고 있을 때 또 하나님이 찾아오십니다.

하나님이 야곱에게 이르시되 일어나 벧엘로 올라가서 거기 거주하며 네가 네 형 에서의 낯을 피하여 도망하던 때에 네게 나타났던 하나님께 거기서 제단을 쌓으라 하신지라(창 35:1)

벧엘로 올라가 형 에서를 피하여 도망하던 때에 야곱에게 나타났던 하나님께 거기서 제단을 쌓으라고 합니다. 그래서 야곱은 가족과 종들에게 말합니다.

우리가 일어나 벧엘로 올라가자 내 환난 날에 내게 응답하시며 내가 가는 길에서 나와 함께 하신 하나님께 내가 거기서 제단을 쌓으려 하노라 하매(창 35:3)

벧엘로 올라가 환난 날에 응답하셨고 야곱이 가는 길에 함께하신 하나님께 그곳에서 제단을 쌓겠다고 합니다. 야곱은 적당히 순종하던 자리 세겜을 떠나 온전히 순종하는 자리로 나아갑니다.

하나님을 인격적으로 만난 사람은 누구나 하나님을 만났던 벧엘의 체험이 있을 것입니다. 그때 하나님을 만난 감격에 겨워 하나님의 뜻대로 살겠다고 다짐도 하고 약속도 했습니다. 그러나 세상이 주는 유혹이나 세상이 주는 시련에 부대끼며 하나님께 했던 약속을 잊어버리고 타협하며 살아갑니다. 야곱이 그랬던 것입니다. 하나님은 온전한 순종의 자리로 이끌기 위해 비상 상황을 허용합니다. 세겜 땅에 더이상 머물 수 없도록 디나의 사건을 허용한 것입니다. 디나가 수치를 당한 것은 분명 디나의 잘못입니다. 그러나 하나님은 그 실수까지 사용하여 야곱을 온전한 순종의 자리로 이끕니다. 합력하여 선을 이룬 것입니다.

고난을 당한 사람이 있습니까? 문제 해결만을 위해 기도하기 전에 이 문제를 통해 하나님은 내게 무엇을 말씀하는지 듣기를 바랍니다. 적당히 타협하며 세겜에 머물고 있다면 온전히 순종하는 자리인 벧엘로 올라가기 바랍니다. 평신도 신학자 C, S 루이스는 '고난은 내게 말씀하는 하나님의 확성기'라고 했습니다. 우리가 하나님의 음성을 잘 듣지 못하니까 하나님은 고난이란 확성기를 사용하여 우리에게 정신 차리고 온전히 순종하라고 확성기로 말씀하신 것입니다.

그들이 자기 손에 있는 모든 이방 신상들과 자기 귀에 있는 귀고리들을 야곱에게 주는지라 야곱이 그것들을 세겜 근처 상수리나무 아래에 묻고 그들이 떠났으나 하나님이 그 사면 고을들로 크게 두려워하게 하셨으므로 야곱의 아들들을 추격하는 자가 없었더라 (창 35:4-5)

야곱은 하나님께 나아가기 위해 먼저 그들에게 있는 모든 이방 신상들과 부적들을 거두어 세겜 땅에 묻었습니다. 야곱의 사람들은 세겜에 살면서 여호와만 섬기지 않고 주변 사람들의 영향을 받아 혼합주의 신앙에 빠져 있었음을 볼 수 있습니다. 하나님도 믿었지만 이방인들이 섬기는 신도 섬겼습니다.

그래서 하나님은 온전히 하나님만 의지하도록 벧엘로 야곱을 부른 것입니다. 이것은 야곱의 문제만이 아닙니다. 우리들의 문제이기도 합니다. 하나님은 우리가 하나님과 함께 세상을 붙들고 사는 것을 바라지 않습니다. 온전히 하나님만 붙들고 하나님만 의지하고 하나님께 온전히 순종하며 살기를 바라십니다. 우리도 온전히 하나님만 섬기고 하나님께 순종하기 위해 우리가 간직하고 있는 신상과 부적을 땅에 묻어야 합니다. 하나님처럼 의지하는 의지의 대상들 그리고 하나님처럼 사랑하는 죄를 버려야 합니다.

야곱이 하나님께 순종하여 벧엘로 올라갈 때 하나님께서 사면 고을들로 크게 두려워하게 하셨으므로 야곱의 아들들을 추격하는 자가 없었습니다. 야곱이 온전히 순종할 때 하나님께서 야곱의 안전을 지켜 주시고 보호해 주신 것입니다. 이것이 하나님께 순종할 때 일어나는 일입니다. 하나님은 순종하는 자를 지켜 줍니다. 세상의 한복판에서 우리가 하나님께 순종하며 사는 것은 어리석어 보입니다. 그러나 하나님께 순종하며 사는 길이 가장 안전한 길임을 하나님께서 보여 주신 것입니다.

> 야곱이 밧단아람에서 돌아오매 하나님이 다시 야곱에게 나타나사 그에게 복을 주시고 하나님이 그에게 이르시되 네 이름이 야곱이지마는 네 이름을 다시는 야곱이라 부르지 않겠고 이스라엘이 네 이름이 되리라 하시고 그가 그의 이름을 이스라엘이라 부르시고 (창 35:9-10)

야곱이 벧엘로 오자 하나님은 야곱이 밧단아람에서 돌아왔다고 합니다. 세겜에 살고 있을 때 하나님은 야곱이 밧단아람에서 돌아왔다고 말씀하지 않았습니다. 온전한 순종이 아니었기 때문입니다. 이제 벧엘로 올라오니 비로소 야곱이 밧단아람에서 돌아왔다고 말씀하며 그에게 복을 줍니다. 하나님은 우리에게 적당한 순종이 아니라 온전한 순종을 요구하신다는 것을 알게 합니다.

하나님은 온전히 순종한 야곱에게 다시 나타나 복을 주시며 '이제 네 이름은 야곱이 아니라 이스라엘이 될 것이라'

고 하십니다. 이스라엘이라는 이름은 야곱이 고향에 돌아올 때 얍복강에서 하나님과 씨름하다가 받은 이름입니다. 이름이 바뀌었다는 것은 신분이 바뀌었다는 뜻입니다. 그런데 야곱은 이름만 바뀌었지 존재가 바뀌지 않았고 그래서 삶도 바뀌지 않았습니다. 이름대로 살지 못한 것입니다. 그러나 온전히 순종하는 야곱을 보면서 하나님은 야곱이 이제 이스라엘이 되었다고 인정해 준 것입니다.

하나님께서 우리를 자녀라고 부르시고 성경은 우리를 성도라고 부릅니다. 세상 사람들은 우리를 예수 믿는 사람이라고 부릅니다. 우리가 받은 새 이름들입니다. 그러나 새 이름을 받은 것과 이름대로 사는 것은 다릅니다. 이름은 바뀌었어도 이름대로 살지 않을 수 있습니다. 그게 세겜 생활입니다. 그러나 하나님은 우리가 온전히 순종하는 벧엘의 삶을 살기 원하십니다.

하나님께 온전히 순종하기 위해 세겜 땅 상수리 나무 아래 묻어야 할 것이 아직 남아 있다면 묻기 바랍니다. 아직 버리지 못한 우상과 죄를 땅에 묻고 온전히 순종하는 자리로 나아가기 바랍니다. 하나님이 우리에게 주고자 한 진정한 복은 소유가 아니라 존재의 변화입니다. 나 자신이 달라진 것입니다. 더 이상 야곱이 아니라 하나님께 굴복하는 이스라엘이 되기를 바랍니다. 내가 주인 삼은 모든 것을 내려놓고 하나님을 주인 삼고 사는 하나님의 사람이 되기를 바라십니다.

여인들의 순종

애굽 왕이 히브리 산파 십브라라 하는 사람과
부아라 하는 사람에게 말하여 이르되 너희는 히브리 여인을
위하여 해산을 도울 때에 그 자리를 살펴서
아들이거든 그를 죽이고 딸이거든 살려두라
그러나 산파들이 하나님을 두려워하여 애굽 왕의 명령을
어기고 남자 아기들을 살린지라 애굽 왕이 산파를 불러
그들에게 이르되 너희가 어찌하여 이같이 남자 아기들을
살렸느냐 산파가 바로에게 대답하되 히브리 여인은
애굽 여인과 같지 아니하고 건장하여 산파가 그들에게
이르기 전에 해산하였더이다 하매
하나님이 그 산파들에게 은혜를 베푸시니 그 백성은
번성하고 매우 강해지니라
그 산파들은 하나님을 경외하였으므로 하나님이
그들의 집안을 흥왕하게 하신지라
238 그러므로 바로가 그의 모든 백성에게 명령하여 이르되
아들이 태어나거든 너희는 그를 나일 강에 던지고
딸이거든 살려두라 하였더라

출애굽기 1:15-22

형들에게 팔려 애굽에서 노예가 되었던 요셉은 하나님이 함께함으로 형통한 인생이 되었고 애굽에서 총리가 되어 7년이나 계속되는 기근에서 나라를 구하고 가문을 구했습니다. 아버지와 형제들을 초청하여 애굽에 살게 하였고 그들의 생계도 책임졌습니다. 하나님이 함께했던 요셉은 축복의 통로가 되어 살았던 것입니다. 이것이 하나님이 함께하는 사람들의 모습입니다. 세월이 흘러 야곱도 요셉도 세상을 떠났고 그 후손들이 애굽 땅에서 번성하자 요셉을 알지 못한 애굽의 새 왕이 등장하면서 이스라엘 자손에게 위기가 찾아왔습니다. 애굽 왕은 '혹 전쟁이 나면 이스라엘 자손이 우리의 적과 합하여 우리를 대적하고 이 땅에서 나갈까 염려되니 우리가 지혜롭게 하자'며 이스라엘 백성을 괴롭히기 시작합니다. 중노동에 동원함으로 이스라엘의 인구 증가를 막으려 했습니다. 그 정책이 실효를 거두지 못하자 애굽 왕은 히브리 산파들을 불러 이스라엘 백성 중 남자 아이가 태어나면 죽이고 딸은 살려두라는 살해 명령을 내립니다. 그러나 히브리 산파들은 왕의 명령을 따르지 않습니다.

> 그러나 산파들이 하나님을 두려워하여 애굽 왕의 명령을 어기고 남자 아기들을 살린지라(출 1:17)

히브리 산파들이 하나님을 두려워하여 애굽 왕의 명령을 어기고 남자 아기들을 살렸다고 합니다. 당시 애굽 왕은 신적인 존재였고 왕의 명령을 어기는 자는 목숨을 부지하기 어려운 시대였습니다. 그러나 히브리 산파들은 이스라엘의 남자 아이들을 죽이라는 왕의 명령을 따르지 않습니다. 그들이 하나님을 경외하였기 때문입니다. 하나님을 경외하는 자들은 사람의 말보다 하나님의 말씀을 따르는 자들임을 알 수 있습니다. 하나님의 말씀을 따르기 위해 왕의 명령을 거역하는 것은 위험한 일일 수 있습니다. 그러나 하나님을 경외하는 사람은 하나님의 뜻과 충돌되는 사람의 명령을 받을 때 따를 수가 없습니다. 예수님도 말씀하셨습니다.

240

> 몸은 죽여도 영혼은 능히 죽이지 못하는 자들을 두려워하지 말고 오직 몸과 영혼을 능히 지옥에 멸하시는 자를 두려워하라 (마 10:28)

우리가 참으로 두려워해야 할 대상은 우리의 몸만 죽이는 자들이 아니라 우리의 몸과 영혼을 함께 지옥에 멸하는 하나님입니다. 우리가 하나님을 두려워할 때 거짓된 두려움을 이길 수 있습니다. 성경은 하나님께서 세운 인간 권위에 순종해야 한다고 가르칩니다. 그러나 그 권위가 하나님의 뜻을 거스르게 하는 일을 요구할 때는 거부할 수 있어야 합니다. 히브리 산파들은 생명을 해치라는 애굽 왕의 명령이 하나님의 뜻을 거역하는 것임을 알았기에 따르지 않았던 것입니다. 하나님의 뜻을 따르기 위해 하나님의 뜻을 거스르는 왕의 명령을 거부했던 것입니다. 참으로 용기 있는 믿음이 아닐 수 없습니다.

애굽 왕이 히브리 산파를 불러 묻습니다. '너희가 어찌하여 이같이 남자 아기들을 살렸느냐?' 히브리 산파들이 대답합니다.

> 산파가 바로에게 대답하되 히브리 여인은 애굽 여인과 같지 아니하고 건장하여 산파가 그들에게 이르기 전에 해산하였더이다 하매 하나님이 그 산파들에게 은혜를 베푸시니 그 백성은 번성하고 매우 강해지니라(출 1:19-20)

산파들은 히브리 여자들은 건장하여 자신들이 도착하기 전에 아이를 낳았다고 왕에게 대답합니다. 그런데 하나님은 이런 히브리 산파들에게 은혜를 베풀었고 그래서 이스라엘 백성은 더욱 번성했고 강해졌습니다. 지금도 하나님은 순종하는 사람들을 통해 생명을 살리고 하나님의 나라를 확장시켜 가십니다. 그리고 생명을 죽이라는 애굽 왕 바로의 명령은 마귀의 역사를 대변합니다. 하나님은 생육하고 번성하라고 복을 주었지만 마귀는 생명을 빼앗고 죽이는 일을 합니다. 우리는 언제나 사람을 살리고 치유하는 말과 행동을 해야지 사람을 해치는 말과 행동을 해서는 안 됩니다. 하나님은 생명을 살리고 보호한 산파들에게 복을 주었습니다.

> 그 산파들은 하나님을 경외하였으므로 하나님이 그들의 집
> 안을 흥왕하게 하신지라(출 1:21)

산파들이 하나님을 경외하였으므로 하나님은 산파들의
집안을 번성하게 하신 것입니다. 하나님은 당신의 백성에게
생육하고 번성하는 복을 주셨습니다. 그러나 세상을 지배하
는 마귀는 죽이고 파괴하는 일을 합니다. 이스라엘 인구가
줄어들지 않자 애굽 왕은 더 강력한 명령을 내립니다.

> 그러므로 바로가 그의 모든 백성에게 명령하여 이르되 아
> 들이 태어나거든 너희는 그를 나일 강에 던지고 딸이거든
> 살려두라 하였더라(출 1:22)

바로가 애굽의 모든 백성에게 이스라엘 사람들 가운데
아들이 태어나면 그들을 나일강에 던져 죽이고 딸이면 살려
두라고 합니다. 이런 사탄의 명령은 지금도 계속되고 있으
며 많은 사람들이 분별력 없이 사탄의 명령을 따르고 있습
니다. 지금 우리나라 출산율은 0.72명입니다. 100쌍 곧 200
명이 결혼해서 자녀를 72명 낳는다는 말입니다. 한 세대가
지나고 나면 200명의 인구가 72명으로 줄어든다는 말이기
도 합니다. 만약 이런 추세가 계속된다면 급격하게 인구 감
소가 이루어지고 심각한 사회 문제와 함께 국가의 존립마저
위태롭게 될 것입니다. 국가는 출산율을 높이기 위해 천문

학적인 재정을 부었지만 밑 빠진 독에 물 붓기와 같이 효력이 없습니다.

그럼 젊은이들은 왜 자녀를 낳지 않으려 할까요? 가장 큰 문제는 경제 문제입니다. 맞벌이를 해야 하는 상황에서 애를 낳으면 여성들이 경제 활동을 하는 데 장애가 되니까 애를 낳지 않으려고 합니다. 애를 낳고 기르기 위해 너무 많은 희생을 해야 한다고 생각해서 자녀 낳기를 꺼리는 경우도 있습니다. 자녀를 낳는 것이 자아실현의 목표에 장애물이 된다고 생각합니다. 미래에 대한 불확실성도 자녀를 낳는 것을 주저하게 만듭니다. 그러나 이런 생각들이 하나님으로부터 온 것인지 생각해 보아야 합니다.

애굽 왕 바로가 이스라엘의 번성을 막으려고 온갖 방법을 동원해도 이스라엘 백성은 번성하고 강해져 갔습니다. 하나님이 복을 주었기 때문입니다. 생육하고 번성하는 것은 하나님의 뜻이고 하나님이 주신 복입니다. 자녀의 미래와 운명은 생사화복을 주장하는 하나님의 손에 달려 있습니다. 우리는 하나님께 순종해야 합니다. 하나님께 순종하면 하나님이 은혜를 베푸시고 복을 주십니다. 사탄은 자녀가 없는 것이 복이라고 하는데 하나님은 자녀가 많은 것이 복이라고 합니다.

이 시대의 심각한 문제 중 또 하나는 낙태의 문제입니다. 미국 "크리스천 포스트"(The christian post)의 보고에 의하면 전 세계 사망 원인 1위가 낙태라고 합니다. 낙태로 죽는 것이 전염병으로 죽는 수보다 4배가 많다고 합니다. 보고된 숫자만 한 해에도 7,300만 건의 낙태가 이루어지고 있다고 합니다. 2023년 한 해, 우리나라에서 태어난 신생아 수는 25만 명이었습니다. 그런데 낙태로 희생된 수는 200만 명이었습니다. 잉태된 생명의 80%가 나일강에 던져져 죽임을 당한 것입니다. 사람의 생명은 엄마의 자궁에 수정되는 순간부터 시작된다고 보는 것이 성경적인 입장입니다. 그래서 국가도 낙태를 금해 왔습니다. 그러나 2019년 헌법재판소에서 낙태를 처벌하는 형법 조항에 대해 헌법불합치 판정을 내림으로 사실상 국가가 낙태를 합법화하고 있습니다. 이것은 분명 바로의 정책이 아닐 수 없습니다.

애굽 왕 바로가 태어나는 히브리 남자 아이들을 나일강에 던져 죽이라는 대국민 성명을 발표하고 난 후 레위 지파 가운데 임신한 신혼부부가 있었습니다. 아이를 갖는 것은 큰 기쁨이지만 그러나 이 부부는 기뻐할 수 없었습니다. 사내아이가 태어나면 나일강에 던져야 하기 때문입니다. 그래서 이들 부부는 임신 사실을 알았을 때 제발 딸이기를 바랐을 것입니다. 그런데 출산을 하고 보니 아들이었습니다.

그 여자가 임신하여 아들을 낳으니 그가 잘생긴 것을 보고 석 달 동안 그를 숨겼으나 (출 2:2)

임신한 여자는 아들을 낳았고 아기가 잘생긴 것을 보고

석 달 동안을 숨겨서 키웠다고 합니다. 그러나 사도행전의
기록은 약간 다릅니다.

모세가 났는데 하나님 보시기에 아름다운지라 그의 아버지
의 집에서 석 달 동안 길리더니 (행 7:20)

태어난 아기 모세가 하나님 보시기에 아름다웠다고 합니
다. 그 부모는 하나님의 눈으로 아기를 보았고 아기의 모습
에서 하나님의 형상을 본 것입니다. 아이의 모습에서 하나
님의 형상을 본 부모는 아기를 석 달간 숨겨서 키웠습니다.
그러나 3개월이 지나자 아이의 울음소리가 커지면서 더 이
상 집에서 기를 수 없는 상황에 이르게 되었습니다.

더 숨길 수 없게 되매 그를 위하여 갈대 상자를 가져다가
역청과 나무 진을 칠하고 아기를 거기 담아 나일 강 가 갈
대 사이에 두고 그의 누이가 어떻게 되는지를 알려고 멀리
섰더니 (출 2:3-4)

더 이상 숨길 수 없게 되자 아이를 위해 갈대로 상자를
만들고 역청과 나무 진을 칠한 후, 그 안에 아기를 담아 나
일 강 갈대 사이에 두고 그의 누이가 어떻게 되는지를 지켜
보게 한 것입니다. 아기를 담은 갈대 상자에서 '상자'란 말
이 히브리어 '테바'인데, 노아가 자신과 가족을 구원하기 위

해 만든 방주도 테바입니다. 아이의 엄마가 아기를 보호하기 위해 갈대 상자 테바를 만든 것입니다. 이것은 이 아이를 하나님께 맡긴다는 뜻입니다. 갈대 상자는 방향을 잡는 키도 없고 속도를 낼 수 있는 돛도 없고 정박할 수 있는 닻도 없고 선장도 없습니다. 이 갈대 상자의 운명은 오직 하나님의 손에 달려 있습니다. 인간적으로 생각하면 갈대 상자는 위험한 상자입니다. 물이 스며들 수도 있고 나일강에 서식하는 악어에게 공격을 당할 수도 있습니다. 애굽 사람들에게 발각되면 히브리인의 아이인 줄 알고 죽일 수도 있습니다. 그러나 갈대 상자 안에 있는 모세는 안전했습니다. 하나님께서 보호했기 때문입니다. 하나님께 맡기니 하나님이 책임져 주신 것입니다.

자녀를 양육하는 데 있어서 분명 부모가 감당해야 할 책임이 있습니다. 부모는 자녀를 사랑과 진리 안에서 양육하는 데 최선을 다해야 합니다. 그러나 그 이상은 하나님께 맡겨야 합니다. 언젠가 우리의 자녀들도 세상이라는 나일 강에 내어 놓아야 합니다. 우리의 자녀를 세상이라는 나일 강에 내보내기 위해 갈대 상자를 만들어야 합니다. 그것은 철저한 신앙교육입니다. 하나님을 알게 하고 하나님을 경외하게 하여 하나님의 임재 앞에 살도록 교육하고 훈련해야 합니다. 말씀을 알게 해야 합니다.

마땅히 행할 길을 아이에게 가르치라 그리하면 늙어도 그

것을 떠나지 아니하리라(잠 22:6)

부모는 마땅히 행할 길을 아이에게 가르치라고 합니다. 그리하면 늙어도 그 길을 떠나지 않을 것이라고 합니다. 여기서 '마땅히 행할 길'이란 문맥에서 보면 하나님을 경외하는 길입니다.

이스라엘 백성이 가장 귀히 여기는 말씀이 신명기 6장입니다. '이스라엘아 들으라. 우리 하나님 여호와는 오직 유일한 여호와시니 너는 마음을 다하고 뜻을 다하고 힘을 다하여 네 하나님 여호와를 사랑하라. 너는 이 말씀을 네 마음에 새기고 네 자녀에게 부지런히 가르치라.'

오늘날 부모들은 조기 교육의 중요성을 알기에 어려서부터 비싼 교육비를 들여 세상 교육에 투자합니다. 그런데 우리의 자녀들에게 마땅히 가르쳐야 할 것은 하나님을 경외하며 하나님을 사랑하는 것입니다. 그리하면 늙어도 그 길을 떠나지 않습니다. 그것이 내 아이를 세상이라는 나일 강에서 보호하는 갈대 상자입니다.

갈대 상자를 만들어 아들 모세를 보호한 이 일을 누가 했는지 우리말 성경에는 모호하게 표현되어 있지만, 히브리어 원문과 영어 성경에서는 주어가 다 '그녀' 즉 '엄마'로 되어 있습니다. 아이의 모습에서 하나님의 형상을 본 것도 엄마였고 위험을 무릅쓰고 석 달을 숨겨 키운 것도 엄마였으며 더 숨길 수 없다고 판단한 것도 엄마였고 갈대를 엮어 상자를 만든 것도 엄마였고 갈대 상자에 물이 들어오지 않도록 역청과 나무 진을 칠한 것도 엄마였습니다. 모든 일을 엄마가 했습니다. 아이를 양육하는 아빠의 역할도 중요합니다. 그러나 엄마가 끼치는 영향은 절대적입니다. 한 기관에서 아이들에게 물었습니다. '너는 누구로부터 신앙의 영향을 가장 크게 받았니?' 80%에 가까운 아이들이 엄마라고 대답했습니다. 바울이 디모데에게 편지하며 말합니다.

> 네 속에 거짓이 없는 믿음이 있음을 생각함이라 이 믿음은 먼저 네 외조모 로이스와 네 어머니 유니게 속에 있더니 네 속에도 있는 줄을 확신하노라(딤후 1:5)

디모데의 믿음은 외할머니 로이스와 어머니 유니게를 통해 전수되었다는 것입니다. 엄마가 중요합니다. 엄마의 믿음이 중요하고 엄마가 영적으로 늘 깨어 있어야 합니다. 엄마가 살면 자녀도 살고 엄마가 병들면 자녀도 병들게 됩니다. 그래서 유대인들은 엄마가 유대인이면 아빠가 이방인이어도 자녀를 유대인으로 인정하지만 아빠가 유대인이어도 엄마가 이방인이면 자녀를 유대인으로 인정하지 않는다고 합니다. 자녀에게 끼치는 영향력이 엄마가 더 크다는 사실을 알기 때문일 것입니다.

모세는 젖을 뗄 때까지 친엄마에게 양육을 받았습니다. 세계 보건기구나 유니세프에서는 자녀의 수유 기간을 지금도 2년 정도로 권장합니다. 그것이 아이의 육체와 정서적 건강에 도움이 되기 때문입니다. 그렇다면 모세 당시엔 몇 살까지 젖을 먹였을까요? 5, 6년 정도까지 젖을 먹였다는 학설도 있습니다. 모세는 그 기간 동안 친엄마로부터 양육을 받았고 젖을 뗀 후 궁궐에 들어가 공주의 아들로 자라며 애굽의 학문을 배웠습니다. 그런데 성경은 모세가 나이 40이 되었을 때 자기 동족을 돌아볼 마음을 갖게 되었다고 합니다. 전문가들은 모세가 어린 시절 어머니로부터 받았던 교육의 힘이라고 말합니다. 그래서 성경은 마땅히 행할 길을 아이에게 가르치라고 한 것입니다.

1994년 5월 19일, 방에서 잠들어 있는 아버지를 칼로 40군데나 찔러 잔인하게 살해하고 증거 인멸을 위해 불까지 지른 아들이 있었습니다. 세상을 충격에 빠뜨렸던 박한상 입니다. 아버지는 종로에서 한약방을 하면서 많은 돈을 벌었고 큰아들인 한상이도 한의사가 되기를 바랐습니다. 그러나 한상이는 아버지의 기대를 따르지 않았고 공부하는 데 별 관심이 없었습니다. 그래서 미국으로 도피 유학을 보냅니다. 그러자 누구의 간섭도 받지 않았던 한상이는 미국에서 마약과 도박에 빠졌고 돈이 떨어지자 돈을 구하러 왔다가 아버지에게 심한 꾸중을 듣고 아버지를 살해한 것입니다.

그런데 한상이의 아버지는 모 교회의 안수집사였습니다. 한상이도 중학교 시절까지 열심히 교회 생활을 했고 교회에서 학생회장도 했습니다. 그런데 아버지가 공부하라며 교회

생활에 제동을 걸었습니다. 결국 교회를 떠나고 하나님도 떠난 한상이는 세상이 주는 죄에 빠져 방탕한 삶을 살다가 아버지까지 죽이는 패륜아가 되고 말았습니다. 한상이가 이렇게 된 데에는 아버지의 영향이 컸습니다. 한상이는 아버지의 모습에서 하나님을 배우지 못했던 것입니다. 그렇다면 자녀를 둔 부모로서 여러분은 자녀에게 어떤 부모입니까?

바로의 딸은 목욕하러 나일 강에 나갔다가 갈대 상자를 발견합니다.

열고 그 아기를 보니 아기가 우는지라 그가 그를 불쌍히 여겨 이르되 이는 히브리 사람의 아기로다(출 2:6)

갈대 상자를 열어 보니 아기가 울고 있었습니다. 공주는 이 아이가 히브리인의 아이임을 알았지만 불쌍한 마음이 들었습니다. 그때 상황을 지켜보던 아이의 누이가 공주에게 다가와 '유모를 불러오리이까?' 물었고, 공주는 허락했습니다. 그리하여 아기의 친엄마가 양육비까지 받아 가며 아이를 키우게 된 것입니다. 하나님이 하신 일이었습니다. 마귀는 생명을 죽이는 일을 합니다. 그러나 하나님은 생육하고 번성하게 하십니다. 우리는 어떤 경우에도 말과 행실로 사람을 죽이는 일, 상처 입히는 일을 해서는 안 됩니다. 사람을 살리고 치유하며 회복시키는 일을 해야 합니다. 그것이 하나님께서 바라시는 일이기 때문입니다.

내 자녀를 세상이라는 나일 강에 내보내야 합니다. 그러나 그냥 내보내면 안 됩니다. 갈대 상자에 넣어 보내야 합니다. 내 자녀에게 하나님을 알게 하고 하나님을 사랑하며 경외하게 하여 하나님 앞에서 살도록 가르치고 훈련해야 합니다. 그것이 내 자녀를 사랑하고 살리는 길입니다.

네 발에서 신을 벗으라

하나님이 이르시되 이리로 가까이 오지 말라
네가 선 곳은 거룩한 땅이니 네 발에서 신을 벗으라
또 이르시되 나는 네 조상의 하나님이니
아브라함의 하나님, 이삭의 하나님, 야곱의 하나님이니라
모세가 하나님 뵈옵기를 두려워하여 얼굴을 가리매
여호와께서 이르시되 내가 애굽에 있는 내 백성의
고통을 분명히 보고 그들이 그들의 감독자로 말미암아
부르짖음을 듣고 그 근심을 알고 내가 내려가서
그들을 애굽인의 손에서 건져내고 그들을 그 땅에서
인도하여 아름답고 광대한 땅, 젖과 꿀이 흐르는 땅
곧 가나안 족속, 헷 족속, 아모리 족속, 브리스 족속,
히위 족속, 여부스 족속의 지방에 데려가려 하노라
이제 가라 이스라엘 자손의 부르짖음이 내게 달하고
애굽 사람이 그들을 괴롭히는 학대도 내가 보았으니
이제 내가 너를 바로에게 보내어 너에게 내 백성 이스라엘
자손을 애굽에서 인도하여 내게 하리라
모세가 하나님께 아뢰되 내가 누구이기에 바로에게 가며
이스라엘 자손을 애굽에서 인도하여 내리이까
하나님이 이르시되 내가 반드시 너와 함께 있으리라
네가 그 백성을 애굽에서 인도하여 낸 후에 너희가
이 산에서 하나님을 섬기리니
이것이 내가 너를 보낸 증거니라

출애굽기 3:5-12

어느 경매장에서 있었던 일입니다. 그럴듯한 물건은 다 팔려나가고 마지막으로 남은 것은 낡고 때 묻은 바이올린 하나뿐이었습니다. 그러나 누구도 낡고 때 묻은 바이올린을 사겠다는 사람이 없었습니다. 어떤 사람이 빵값도 안 되는 가격을 불렀고 사람들은 폭소를 터뜨리기도 했습니다. 그때 한 노인이 경매인으로부터 바이올린을 건네받아 먼지와 때를 닦고 조율을 하더니 연주를 시작했습니다. 순간 아름다운 선율이 경매장을 메웠고 연주가 끝나자 환호성과 박수가 터지면서 바이올린은 높은 가격에 경매가 되었습니다. 누구도 주목하지 않던 낡은 바이올린이 유명 연주자의 손에 들려지자 바이올린의 가치가 드러났던 것입니다.

시인 임보가 쓴 '지푸라기'라는 시가 있습니다.

　　낟알을 다 뜯기고 만신창이로 들판에 버려진 지푸라기
　　그러나 새의 부리에 물리면 보금자리가 되고
　　농부의 손에 잡히면 새끼줄이 된다

낟알은 다 뜯기고 만신창이가 되어 들판에 버려진 지푸라기가 새의 부리에 물리면 따뜻한 보금자리가 되고 농부의 손에 잡히면 새끼줄이 됩니다. 우리 인생도 누구의 손에 붙들리느냐에 따라 운명이 달라집니다. 세상에 붙들리면 세상적인 사람이 되고 귀신에게 붙들리면 귀신 들린 사람이 되고 하나님의 손에 붙들리면 하나님의 사람이 됩니다. 아브라함은 하나님의 손에 붙들려 믿음의 조상이 되었고 노예로 팔려갔던 요셉이 하나님의 손에 붙들렸을 때 나라를 구하는 축복의 통로가 되었습니다. 평범했던 목동 소년 다윗이 하나님의 손에 붙들렸을 때 골리앗을 물리치는 영웅이 되었고 일곱 귀신이 들려 폐인과 같은 삶을 살았던 막달라 마리아가 예수님의 손에 붙들렸을 때 새 사람이 되었을 뿐 아니라 부활의 증인이 되었습니다. 갈릴리 바다에서 고기를 잡던 어부들이 예수님을 만났을 때 사람 낚는 어부가 되었으며 핍박자 사울이 예수님을 만났을 때 세상을 바꾸어 놓는 복음 전도자가 되었습니다.

모세도 하나님의 손에 붙들렸을 때 400년 넘게 노예 생활하던 민족을 구하는 지도자가 되었습니다. 모세가 태어났을 때 그는 나일 강에 던져져야 할 운명이었습니다. 그러나 아이의 모습에서 하나님의 형상을 본 엄마는 3개월을 숨겨 키우다가 더 이상 숨길 수 없게 되자 갈대 상자를 만들어 나일 강 갈대 사이에 내려놓습니다. 하나님께 맡긴 것입니다. 그 갈대 상자를 애굽 왕 바로의 딸이 발견했고 히브리인의 아이인 줄 알았지만 불쌍한 마음이 들었습니다. 하나님이 주신 마음이었습니다. 아이의 누이가 나타나 유모를 소개하겠다고 했고 공주는 허락했습니다. 그리하여 모세는 친엄마의 품에서 자라게 되었습니다. 하나님께서 하신 일입니다. 아이를 하나님께 맡겼더니 하나님께서 지켰습니다. 젖을 떼면 아이를 떠나보내야 하기 때문에 엄마는 피를 말리는 심정으로 아이를 위해 기도하며 아이를 가르칩니다. '아이야, 너는 하나님의 백성이고 너는 히브리인이다. 고통받는 네 동족을 잊지 말아라!'

젖을 뗀 후 아이는 공주의 아들이 되어 애굽의 궁궐에서 애굽의 학문을 배우며 자랐습니다. 그런데 나이 40이 되었을 때 이 아이가 자기 동족을 돌아볼 마음이 들었다고 성경은 소개합니다. 젖을 뗀 후 공주의 아들로 자라며 애굽의 학문을 배우고 애굽의 문화를 배운 모세가 나이 40이 되어 어떻게 자기 동족을 돌아볼 마음을 갖게 되었을까요? 그것은 젖을 뗄 때까지 어머니로부터 받은 교육의 영향 때문이었을 것입니다. 그래서 성경은 마땅히 행할 길을 아이에게 가르치라고, 그리하면 늙어서도 그 길을 떠나지 않을 것이라고 말합니다.

모세는 동족이 노역하는 현장을 방문하였다가 애굽의 감독에게 가혹하게 폭행을 당하는 동족의 모습을 보고 분노하여 애굽의 감독을 쳐서 죽이고 모래에 파묻어 버립니다. 그러나 그 일은 탄로가 났고 바로에게 알려지면서 모세는 미디안 광야로 도망을 가야 했습니다. 모세는 그곳에서 미디안 제사장의 딸을 만나 결혼하였고 장인의 양을 치면서 40년 세월을 보냅니다. 그리하여 모세는 나이 80이 됩니다. 모세 당시 사람들의 수명은 70 정도였고 강건해야 80을 사는 시대였습니다. 그러던 어느 날 모세는 놀라운 광경을 목격합니다.

여호와의 사자가 떨기나무 가운데로부터 나오는 불꽃 안에서 그에게 나타나시니라 그가 보니 떨기나무에 불이 붙었으나 그 떨기나무가 사라지지 아니하는지라 (출 3:2)

떨기나무에 불이 붙었는데 나무가 타지 않았고 그 불꽃 안에서 여호와의 사자가 나타난 것입니다. 모세는 그 희한한 광경을 보기 위해 가까이 다가갔고 거기서 하나님의 음성을 듣게 됩니다.

여호와께서 그가 보려고 돌이켜 오는 것을 보신지라 하나님이 떨기나무 가운데서 그를 불러 이르시되 모세야 모세야 하시매 그가 이르되 내가 여기 있나이다 (출 3:4)

여호와께서 떨기나무 가운데서 모세를 부릅니다. '모세야 모세야!' 모세가 대답합니다. '내가 여기 있나이다.' 하나님께서 말씀합니다.

하나님이 이르시되 이리로 가까이 오지 말라 네가 선 곳은 거룩한 땅이니 네 발에서 신을 벗으라 (출 3:5)

그리고 계속하여 하나님께서 말씀합니다. '나는 네 조상의 하나님 곧 아브라함의 하나님이요, 이삭의 하나님이요, 야곱의 하나님이다. 내가 애굽에 있는 내 백성의 고통을 보앉고 그들의 부르짖음을 들었고 그들의 근심을 알고 있다. 내가 내려가 그들을 애굽인의 손에서 건져내어 아름답고 광대한 땅 젖과 꿀이 흐르는 땅으로 데려가려 한다.' 그러면서 이렇게 말씀합니다.

> 이제 내가 너를 바로에게 보내어 너에게 내 백성 이스라엘 자손을 애굽에서 인도하여 내게 하리라 (출 3:10)

하나님께서 모세를 바로에게 보내어 하나님의 백성 이스라엘 자손을 애굽에서 인도해 내겠다고 말씀하신 것입니다. 하나님께서는 당신의 백성을 애굽에서 해방시키기 원했습니다. 그리고 그 일을 모세를 통해서 하겠다고 하십니다. 사람을 살리는 일은 하나님만이 할 수 있는 역사입니다. 그런데 하나님은 그 일을 사람을 통해서 하십니다. 그런데 왜 하필 80 노인이 된 모세였을까요? 모세가 나이 40이었을 때 하나님께서 자신을 통해 동족을 구하지 않을까 생각한 적이 있었습니다. 그러나 그때 모세는 겨우 애굽 사람 하나 죽이고 미디안 광야로 도망을 쳐야 했습니다. 그리고 미디안 광야에서 양을 치며 40년 세월을 보내며 잊힌 존재가 된 것입니다. 그런데 하나님은 이런 모세를 통해 하나님의 백성 이스라엘을 애굽에서 인도하여 내겠다고 말씀한 것입니다.

왜 하나님은 나이 40의 팔팔한 모세가 아닌 나이 80의 모세를 사용하려 했을까요? 집을 짓는 건축가는 누구도 살아 있는 나무로 집을 짓지 않습니다. 반드시 죽은 나무 그것도 바짝 마른 나무로 집을 짓습니다. 살아 있는 나무는 건축 자재가 될 수 없기 때문입니다. 건축 자재가 되기 위해서는 반드시 죽은 나무라야 하고 그것도 바짝 마른 나무라야 합니다. 하나님이 쓰시는 사람도 마찬가지입니다. 자기가 살아 있는 사람은 하나님께 쓰임 받지 못합니다. 마른 막대기와 같이 죽어 있는 사람이 하나님께 쓰임을 받습니다. 그래서 예수님은 '누구든지 자기를 부인하고 자기 십자가를 지고 나를 따르지 않으면 내게 합당하지 않다'고 말씀하셨습니다. 하나님께 쓰임 받는 사람이 되기를 원합니까? 자기를 부인할 줄 아는 사람이 되어야 합니다.

하나님은 그런 재목으로 모세를 만들기 위해 광야로 내 몬 것입니다. 하나님의 일은 내 힘으로 하는 게 아니라 하나님께서 공급해 주는 힘으로 해야 하기 때문입니다. 그래서 하나님은 모세를 미디안 광야로 보내 40년을 보내게 하면서 하나님께서 사용하시기에 합당한 마른 막대기와 같은 존재로 모세를 만든 것입니다. 그래서 미디안 광야 40년은 모세에게 잊힌 시간처럼 보였으나 실상 하나님의 사람으로 쓰임 받기 위해 준비되는 시간이었습니다. 혹 광야 길을 걷는 것 같은 삶을 살고 있는 분이 있습니까? 절망하지 말고 하나님을 기대하기 바랍니다. 하나님께서 준비시키고 있기 때문입니다.

용인 에버랜드 동물원에 가면 아프리카 사자들이 있습니

다. 우리에 갇혀 사람들의 구경거리가 되고 있는 사자들입니다. 동물원의 사자는 정글의 사자보다 5년은 더 산다고 합니다. 사육사들이 때맞춰 먹을 것을 주고 아프면 약도 주고 주사도 놔주기 때문입니다. 그러나 우리에 갇혀 5년을 더 살며 사람들의 구경거리가 되고 있는 것은 사자의 영광이 될 수 없습니다. 사자는 밀림에서 짐승들을 사냥하는 밀림의 왕으로 살아야 합니다. 그런데 오늘날 많은 그리스도인들이 우리에 갇힌 사자처럼 삽니다. 교회당에서 목사가 먹여주는 영의 양식을 먹고 교회당 안에서만 신앙생활을 합니다. 우리에 갇힌 사자처럼 영성과 야성을 잃어버리고 세상 사람들에게 조롱거리가 되어 삽니다. 그러나 사자가 살 곳이 우리가 아니고 밀림이듯 우리 성도들도 실력 발휘하며 살 곳은 교회가 아닌 세상입니다. 우리도 세상에서 사랑과 진리로 사람들을 섬기며 그들에게 복음을 전하며 사람을 구원하는 예수 그리스도의 제자로 살아야 합니다.

하나님은 우리를 사명자로 훈련시키기 위해 광야로 몰아갑니다. 그래서 하나님께 쓰임 받는 사람치고 광야를 통과하지 않는 사람이 없습니다. 모세는 말할 것도 없고 다윗도 십수 년간 광야 생활을 했고 예수님이 오시는 길을 예비한 세례요한도 광야에서 살았고 심지어 하나님의 아들로 이 세상에 오신 예수님도 광야 체험을 했습니다. 광야는 하나님의 사람을 길러내는 훈련소이고 연단의 장소입니다. 하나님은 궁궐에 사는 모세를 쓰시지 않고 광야에서 연단된 모세를 쓰셨습니다.

하나님께 쓰임 받은 사람들은 한결같이 광야 출신들이었습니다. 중세 기독교를 낭떠러지에서 구한 마틴 루터는 무명의 수도사였습니다. 무명의 수도사가 교황에게 대항하여 싸운다는 것은 무모한 일이었습니다. 당시 교황은 황제까지 임명할 정도로 대단한 권력을 갖고 있었습니다. 그런 교황을 상대로 싸운다는 것은 계란으로 바위를 치는 싸움이었습니다. 실제로 루터는 종교 개혁을 하면서 생명의 위협을 당했고 몸을 피해야 했습니다. 하루에 두세 시간씩 기도하지 않고는 버틸 수 없을 정도로 중압감과 두려움에 시달리기도 했습니다. 그런데 하나님은 그렇게 약한 루터를 통해 중세 기독교를 위기에서 건져냈습니다. 루터는 자신의 연약함 때문에 철저하게 하나님을 붙들었기 때문에 할 수 있었습니다.

블레셋 장수 골리앗을 물리친 사람도 힘센 장수가 아니었습니다. 누가 봐도 싸움의 상대가 될 수 없어 보이는 소년 다윗이었습니다. 골리앗은 칼과 창과 방패로 무장하고 창검을 의지하고 나왔지만 물맷돌을 들고 싸웠던 다윗은 물맷돌이 아닌 만군의 여호와 하나님을 의지하고 싸웠습니다. 자신의 힘으로 싸울 수 없었기에 하나님을 의지했습니다. 약한 자가 하나님을 의지합니다. 그리고 하나님을 의지했던 다윗이 칼을 의지했던 골리앗을 이겼습니다. 하나님은 우리로 하여금 하나님을 의지하도록 아무것도 의지할 것이 없는 광야로 우리를 몰아가실 때가 있습니다.

하나님은 모세에게 말씀합니다.

네가 선 곳은 거룩한 땅이니 네 발에서 신을 벗으라(출 3:5)

'네가 선 곳은 거룩한 곳 하나님이 계신 곳이니 네 발에서 신을 벗으라'고 합니다. 하나님 앞에서 신을 벗으라는 말은 '주권을 포기하라'는 말입니다. 고대 중동에서 신발은 주인만 신었고 종들은 신지 않았습니다. 고대에서 신발은 자유민이나 귀족이 신었고 노예는 신지 않았습니다. 그래서 신발을 신는 것은 권위의 상징이었습니다. 영국인들이 인도를 지배하고 있었을 때 인도인들은 영국인의 사무실에 들어갈 때 신발을 벗었다고 합니다. 그러나 영국인들은 인도의 사원에 들어갈 때도 신발을 벗지 않았습니다. 신을 신고 벗는 행위가 지배자와 피지배자를 구분 짓는 상징이었기 때문입니다.

룻기서에 보면, 유다 베들레헴에 살고 있던 엘리멜렉 가족이 흉년을 만나 모압으로 이민을 갑니다. 그곳에서 두 아들은 모압 여자를 만나 결혼합니다. 그런데 얼마 지나지 않아 아버지와 두 아들이 죽습니다. 그리하여 세 과부만 남습니다. 그리고 얼마 지나 과부가 된 나오미는 하나님께서 고향 땅에 양식을 주었다는 소문을 듣고 고국으로 돌아가려 합니다. 그래서 두 며느리를 불러 친정으로 돌아가 재혼하여 행복한 삶을 살라고 권유합니다. 그로 인해 오르바는 돌아갔고 룻은 끝까지 시어머니를 따랐습니다. 그리고 시어머니를 따라온 룻은 친척 중 한 사람인 보아스에게 기업 무를 의무를 부탁합니다. 그러나 보아스는 자신보다 더 가까운 친척이 있음을 알고 그에게 먼저 기업 무를 책임을 감당하겠느냐고 묻습니다. 그러자 그는 기업 무를 권리를 포기한다는 뜻으로 자기의 신발을 벗었습니다. 이처럼 신발을 벗는 것은 자신의 모든 권리를 포기한다는 뜻입니다.

지금까지 모세는 자기가 자기 인생의 주인이 되어 자기가 원하는 곳으로 다녔습니다. 그러나 이제 하나님 앞에서 신발을 벗음으로 더 이상 자신이 주인이 아니라 하나님을 자신의 주인으로 모시고 살겠다는 고백을 하게 된 것입니다. 우리가 하나님께 쓰임 받는 삶을 살려면 내가 내 인생의 주인이 아니라 하나님이 내 인생의 주인이 되어야 합니다. 그래서 하나님의 말씀을 따라 살 줄 알아야 합니다. 이것이 하나님을 믿는 자의 모습이고 하나님께 쓰임 받는 사람의 모습입니다.

그리고 신발을 벗는다는 또 하나의 의미는 '더러움을 벗으라'는 의미도 담겨 있습니다. 사람은 신을 신고 온갖 더러운 곳을 밟고 다닙니다. 그래서 이방 신전의 제사장들은 자기들의 신전에 들어갈 때 신을 벗고 들어갑니다. 지금도 이슬람 신도들은 그들의 신을 예배하는 예배당에 들어갈 때 신발을 벗을 뿐 아니라 발까지 씻고 들어갑니다. 신발은 세상의 온갖 더러운 것을 밟고 다니는 더러움의 상징이기 때문입니다. 하나님 앞에 서고 하나님께 쓰임 받는 사람이 되기 위해서는 죄악의 신발을 벗어야 합니다. 세상을 사랑하는 신발을 벗어야 합니다. 육신의 정욕, 안목의 정욕, 이생의 자랑이란 신발을 벗어야 합니다. 죄를 갖고 거룩하신 하나님 앞에 설 수 없고 하나님께 쓰임 받을 수 없기 때문입니다. 하나님 앞에 서고, 하나님께 쓰임 받기 위해서는 몸과 마음이 깨끗해야 합니다. 성도가 갖추어야 할 능력은 세상 사람들이 갖고 있는 능력이 아닙니다. 성도가 갖추어야 할 능력은 '거룩함'입니다. 죄를 버리고 깨끗하게 사는 것입니다. 몸과 마음이 깨끗해야 합니다.

모세가 대답합니다.

모세가 하나님께 아뢰되 내가 누구이기에 바로에게 가며 이스라엘 자손을 애굽에서 인도하여 내리이까(출 3:11)

모세는 '내가 누구기에 바로에게 가며 이스라엘 자손을 애굽에서 인도하여 낼 수 있겠느냐'며 하나님의 부르심에 손사래를 칩니다. 그러자 하나님께서 말씀합니다.

내가 반드시 너와 함께 있으리라(출 3:12)

하나님은 내가 반드시 너와 함께하겠다고 약속합니다. 사람을 살리고 구하는 일은 내 힘으로 되지 않습니다. 그 일은 하나님만이 할 수 있습니다. 다만 하나님께서 사람을 통해 하십니다. 그러므로 내가 갖출 것은 능력이 아니라 순종입니다. 내가 순종하면 하나님께서 나를 통해 세상을 구원하는 일을 하십니다. 예수님은 제자들에게 '너희는 가서 모든 족속을 제자로 삼고 그들에게 복음을 전해 아버지와 아들과 성령의 이름으로 세례를 베풀며 내가 너희에게 분부한 모든 것을 가르쳐 지키게 하라'고 당부하셨습니다. 그러므로 우리는 모든 사람에게 복음을 전하고 그들을 양육하여 그들도 예수님의 제자가 될 수 있도록 도와야 합니다. 예수님은 이 명령을 주시며 '볼지어다. 내가 세상 끝날까지 너희와 항상 함께하겠다'고 약속하셨습니다. 우리는 주님의 약속을 믿고 사명을 감당하러 나아가야 합니다.

하나님의 설득 순종

모세가 여호와께 아뢰되 오 주여 나는 본래 말을
잘 하지 못하는 자니이다 주께서 주의 종에게
명령하신 후에도 역시 그러하니 나는 입이 뻣뻣하고
혀가 둔한 자니이다 여호와께서 그에게 이르시되
누가 사람의 입을 지었느냐 누가 말 못 하는 자나
못 듣는 자나 눈 밝은 자나 맹인이 되게 하였느냐
나 여호와가 아니냐 이제 가라 내가 네 입과 함께
있어서 할 말을 가르치리라 모세가 이르되 오 주여
보낼 만한 자를 보내소서 여호와께서 모세를 향하여
노하여 이르시되 레위 사람 네 형 아론이 있지 아니하냐
그가 말 잘 하는 것을 내가 아노라 그가 너를 만나러
나오나니 그가 너를 볼 때에 그의 마음에
기쁨이 있을 것이라 너는 그에게 말하고 그의 입에
할 말을 주라 내가 네 입과 그의 입에 함께 있어서
너희들이 행할 일을 가르치리라 그가 너를 대신하여
백성에게 말할 것이니 그는 네 입을 대신할 것이요
너는 그에게 하나님 같이 되리라 너는 이 지팡이를
손에 잡고 이것으로 이적을 행할지니라

출애굽기 4:10-17

하나님은 일하십니다. 그러나 사람을 통해 일하십니다. 그래서 하나님은 우리를 구원의 자리로 부르시지만 다시 사명의 자리로도 부르십니다. 하나님이 하시는 일이 무엇인가요? 그것은 사람을 사랑하고 사람을 구원하는 일입니다. 하나님은 모세를 통해 애굽에서 고통받는 하나님의 백성들을 구원해 내기 원하셨고 그래서 그를 부르셨습니다. 그러나 모세는 '내가 누구이기에 바로 앞에 서며 이스라엘 자손을 인도해 낼 수 있으리이까?'라며 자신의 부족을 내세우면서 하나님의 부르심을 거부합니다. 사실 바로에게 가서 이스라엘 백성을 해방시킨다는 것은 모세에게는 불가능한 일로 여겨졌을 것입니다. 그러한 일을 할 만한 힘이 모세에게 없었기 때문입니다.

그래서 하나님은 모세가 그 일을 할 수 있도록 모세와 함께 하겠다면서 그를 설득하기 시작합니다. 그러나 모세는 '그들이 나를 믿지 않고 여호와께서 내게 나타났다는 말도 믿지 않을 것이라'고 말합니다. 그러자 하나님께서 묻습니다. '네 손에 있는 것이 무엇이냐?' 모세가 대답합니다. '지팡이입니다.' 모세를 향해 여호와께서 말씀합니다.

여호와께서 이르시되 그것을 땅에 던지라 하시매 곧 땅에 던지니 그것이 뱀이 된지라 모세가 뱀 앞에서 피하매 여호와께서 모세에게 이르시되 네 손을 내밀어 그 꼬리를 잡으라 그가 손을 내밀어 그것을 잡으니 그의 손에서 지팡이가

된지라(출 4:3-4)

하나님은 모세에게 손에 들고 있는 지팡이를 땅에 던지라고 합니다. 그래서 던졌더니 그 지팡이가 뱀이 되었고 모세는 뱀 앞에서 피합니다. 형태만 뱀이 아니라 살아 움직이는 뱀이 된 것입니다. 여호와께서 모세에게 말씀합니다. '네 손을 내밀어 뱀의 꼬리를 잡으라.' 모세가 손을 내밀어 뱀의 꼬리를 잡으니 뱀이 다시 지팡이가 되었습니다. 하나님은 이 표적을 통해 하나님께서 모세와 함께한다는 것을 보여주었던 것입니다. 그리고 이렇게 말씀합니다.

이는 그들에게 그들의 조상의 하나님 곧 아브라함의 하나님, 이삭의 하나님, 야곱의 하나님 여호와가 네게 나타난 줄을 믿게 하려 함이라 하시고(출 4:5)

이 표적은 이스라엘 백성에게 그들 조상의 하나님 곧 아브라함의 하나님, 이삭의 하나님, 야곱의 하나님이 모세에게 나타난 줄 믿게 하려 함이라고 합니다. 하나님께서는 사명만 맡기지 않고 사명을 감당할 수 있도록 함께하신다고 약속하신 것입니다. 모세를 이어 이스라엘 백성을 이끌고 가나안 정복을 해야 하는 여호수아에게도 하나님께서 말씀하십니다.

네 평생에 너를 능히 대적할 자 없으리니 내가 모세와 함께 있었던 것 같이 너와 함께 있을 것임이니라 내가 너를 떠나지 아니하며 버리지 아니하리니 강하고 담대하라 너는 내가 그들의 조상에게 맹세하여 그들에게 주리라 한 땅을 이 백성에게 차지하게 하리라 (수 1:5-6)

하나님은 여호수아로 하여금 그들의 조상에게 약속한 가나안 땅을 정복할 수 있도록 하겠다고 약속하십니다. 그리고 그 일을 감당할 수 있도록 '내가 모세와 함께했던 것처럼 너와도 함께하겠으며 너를 떠나지 않고 너를 버리지 않겠다'고 하십니다. 하나님은 사명을 위해 사는 자들과 함께하십니다. 그래서 '강하고 담대하라. 내가 너로 네 조상들에게 주리라고 약속한 땅을 차지하도록 할 것이라'고 약속하십니다. 사명은 내 힘으로 내가 감당하는 게 아니라 하나님께서 하시고 나는 다만 하나님의 도구가 될 뿐입니다.

예수님께서 세상을 떠나시며 제자들에게 말씀하십니다. '너희는 가서 모든 족속으로 제자를 삼아 아버지와 아들과 성령의 이름으로 세례를 주고 내가 너희에게 지시한 모든 것을 가르쳐 지키게 하라. 볼지어다. 내가 세상 끝날까지 항상 너희와 함께하리라.' 예수님은 제자들에게, 가서 모든 족속을 제자 삼으라고 하시며 세상 끝날까지 제자들과 항상 함께하겠다고 약속하십니다. 이 사명과 약속은 우리에게도 동일하게 주어진 것입니다. 우리도 가서 모든 사람에게 복음을 전해 세례를 주고 말씀을 가르쳐 지키게 함으로 그들을 제자를 삼아야 합니다. 예수님은 성령으로 이런 우리와 함께하실 것입니다.

그런데 그 일을 모세에게 부탁했다는 것이 약간은 의외입니다. 모세는 애굽을 떠난 지 40년이 지났고 나이도 죽음이 가까운 80이 되었기 때문입니다. '십계'라는 영화를 보면 모세의 역할을 했던 찰턴 헤스턴이 손에 들고 있는 지팡이는 하나님의 능력을 드러낼 지팡이라는 인상을 갖게 합니다. 실제로 튀르키에 수도 이스탄불에 가면 토프카프 박물관이 있는데, 거기에 모세가 들고 다녔다는 지팡이가 진열되어 있습니다. 그런데 그 지팡이는 보는 이들에게 실망감을 안겨줍니다. 너무 작고 초라한 나뭇가지이기 때문입니다.

히브리어 성경에서 이 지팡이는 '마테'라는 단어인데, 이는 지팡이나 막대기로도 번역되었지만 '나뭇가지'로도 번역되었습니다. 학자들은 모세가 들었던 지팡이가 토프카프 박물관에 전시된 그 지팡이거나 그와 유사한 모습이었을 것이라고 말합니다. 하나님은 그렇게 연약한 나뭇가지를 사용하여 바로를 굴복시켰고 홍해를 갈랐으며 반석을 쳐서 물을 내는 기적을 행하셨던 것입니다. 그래서 모세가 손에 든 지팡이(나뭇가지)는 실상 모세 자신을 상징하는 것으로 보기도 합니다. 천하를 호령하던 애굽 왕 바로 앞에 서서 하나님의 백성을 해방시킨 모세는 누가 봐도 나뭇가지와 같은 모습이었습니다. 그는 나이도 많았고 가진 것도 없었습니다. 상대

271

방이 위협을 느끼게 할 만한 무기도 군사력도 없었습니다. 40년 동안 광야에서 햇빛을 받으며 양을 쳤으니 그의 외모 또한 초라한 모습이었을 것입니다.

자신이 자신을 보아도 남이 보아도 모세는 나뭇가지였습니다. 그런데 하나님은 나뭇가지와 같은 모세를 통해 당신의 백성을 구해 내겠다는 것입니다. 이스라엘 백성을 바로의 학정에서 해방시키는 일은 모세가 할 수 있는 일이 아니라 다만 그를 도구 삼아 하나님이 하신다는 것을 나타내기 위함입니다. 그래서 지팡이는 전혀 중요하지 않습니다. 그 지팡이를 사용하시는 하나님이 중요합니다. 하나님이 함께 하느냐 함께하지 않느냐가 중요할 뿐입니다. 하나님이 함께 하시면 비록 초라한 나뭇가지와 같은 자라도 위대한 일을 행할 수 있음을 말씀하신 것입니다. 그렇습니다. 하나님께서 함께하시면 나뭇가지처럼 연약한 나를 통해서도 사람의 생명을 살릴 수 있고 사람을 치유하는 위대한 일을 할 수 있습니다.

예수님은 우리에게 '너희는 세상의 빛이요 세상의 소금이라'고 하십니다. 우리가 사는 세상은 죄악으로 어두워진 세상입니다. 부패하고 맛을 잃은 세상입니다. 이런 세상에서 빛이 되어 어둠을 밝히고 소금이 되어 세상의 부패를 막고 맛 잃은 세상에서 살맛 나는 세상을 만들라고 하십니다. 이것이 우리에게 주신 사명입니다. 그러나 그 일은 우리의 힘으로 할 수 없습니다. 그러나 하나님께서 함께하시면 우리도 세상의 어둠을 몰아내는 빛이 될 수 있고 세상의 부패를 막고 맛을 내는 소금이 될 수 있습니다. 하나님은 그 일을 감당하도록 우리에게 성령을 보내 주셨습니다. 그래서 예수님은 '오직 성령이 너희에게 임하시면 오직 권능을 받고 예루살렘과 온 유다와 사마리아와 땅 끝까지 이르러 내 증인이 될 것이라'고 하십니다. 우리에게 필요한 것은 순종입니다. 내가 순종하면 하나님께서 그 일을 감당할 수 있도록 능력을 주십니다.

그래도 모세가 자신감을 갖지 못하자 하나님은 계속하여 설득하십니다.

> 여호와께서 또 그에게 이르시되 네 손을 품에 넣으라 하시매 그가 손을 품에 넣었다가 내어보니 그의 손에 나병이 생겨 눈 같이 된지라 이르시되 네 손을 다시 품에 넣으라 하시매 그가 다시 손을 품에 넣었다가 내어보니 그의 손이 본래의 살로 되돌아왔더라 (출 4:6-7)

하나님께서는 모세에게 손을 품에 넣었다 빼어 보라고 하십니다. 그래서 그대로 했더니 모세의 손에 나병이 발생했습니다. 다시 손을 넣었다 빼 보니 이제는 본래의 손으로 회복되었습니다. 이 표적은 하나님께서 모세와 함께하심을 보여 주심으로, 모세를 순종의 자리로 이끄시는 하나님의 설득이었습니다. '그래도 네 말을 믿지 못하거든 세 번째 표적을 행하라'며 이렇게 말씀하셨습니다.

> 그들이 이 두 이적을 믿지 아니하며 네 말을 듣지 아니하거
> 든 너는 나일강 물을 조금 떠다가 땅에 부으라 네가 떠온
> 나일강 물이 땅에서 피가 되리라 (출 4:9)

이러한 표적들은 하나님께서 모세와 함께하심을 증거하
는 것으로, 사람들이 하나님께서 모세와 함께하심을 믿게
하려는 것들이었습니다. 하나님은 우리에게 사명을 맡기시
며 혼자 하라고 하지 않으시고 함께 하시겠다고 약속하신
것입니다.

274

하나님은 이런 표적을 보여주며 애굽에 가서 백성을 구
해 내라고 하십니다. 하나님은 우리에게도 동일한 말씀을
하십니다. 하나님의 설득에 순종하여 140년 전 이 땅을 찾아
온 사람들이 있었습니다. 그 당시 우리가 살고 있는 조선 땅
은 지금의 아프리카보다 더 열악한 환경이었습니다. 우리
조상들은 가난했고 대부분이 문맹이었습니다. 관리들의 부
정부패가 만연하여 힘 없는 농민들이 못 살겠다고 봉기했습
니다. 그리고 이 땅에는 술과 도박, 미신이 가득했습니다. 양
반과 상놈의 신분 차별이 있었고, 젊은이들은 내일에 대한
어떤 희망도 가질 수가 없어서 절망하고 있었습니다. 나라
꼴이 이렇다 보니 이 땅은 열강들에게 짓밟히는 먹잇감이었
습니다. 조선은 한마디로 어둠의 나라였습니다. 그런데 이런

어둠의 땅에 빛을 들고 찾아온 사람들이 있었습니다. 선교사들이었습니다. 그때 이 땅에는 종교의 자유도 없었고 외국인들이 들어와 살기에는 너무나도 위험한 나라였습니다. 1885년, 두 명의 선교사 언더우드와 알렌은 엘리트 청년들이었습니다. 미국에서 살았다면 좋은 직장에 취직해서 선진 문화를 즐기며 살 수 있는 사람들이었습니다.

알렌은 의사였습니다. 그들이 조선 땅에 들어왔을 때 조선은 정치적 소용돌이를 겪고 있었습니다. 보수파와 개혁파 간에 심한 갈등을 겪고 있었습니다. 보수파는 명나라를 가까이 해야 한다고 주장했고 개혁파는 일본을 가까이 해야 한다며 첨예하게 대립하던 중이었습니다. 그리고 이런 상황에서 보수파의 실력자 명성 왕후의 조카 민영익이 칼을 맞고 중태에 빠졌습니다. 그 소식을 듣고 전국 한의사들이 600명이나 모여 들었지만 당시 한의학으로는 치료가 불가능한 상태였습니다. 그래서 의사였던 알렌이 수술을 하게 되었습니다. 상처가 너무 깊어 그 당시 의술로는 회복을 장담할 수 없는 상황이었습니다. 알렌은 수술을 앞두고 간절히 하나님께 기도했습니다. '하나님, 이번 수술을 도와 주옵소서. 수술에 성공하여 선교의 문을 열어 주옵소서!' 하나님의 도우심으로 수술은 성공했고 민영익은 목숨을 건졌고 상처도 회복되었습니다. 그로 인해 알렌은 고종과 명성 왕후의 인정을 받아 고종의 주치의가 되었으며, 계동에 있는 송영식의 집을 병원으로 쓸 수 있도록 하사 받아 우리나라 최초로 서양 병원을 개원하게 되었습니다. 그 병원이 지금 세브란스 병원의 전신인 광혜원(제중원)입니다.

언어와 문화도 다른 외국 선교사들이 우리를 찾아와 그들의 섬김과 헌신으로 우리에게 복음을 전해 주었습니다. 하나님은 우리도 우리에게 주어진 세상의 지위와 기술, 은사와 달란트를 사용하여 사람들을 섬김으로 세상을 구원하라고 하십니다. 우리는 복음의 빚을 진 자들입니다. 그래서 아직 복음을 듣지 못한 사람들에게 선교사를 보내 복음을 전해야 합니다. 보내는 사람이 없으면 갈 수도 없습니다. 우리는 '보내는 선교사'로 선교사들을 위해 기도하고 물질로도 후원해야 합니다. 우리의 가족과 이웃에게도 복음을 전해야 합니다.

모세는 하나님의 설득에도 여전히 하나님의 부르심을 거부합니다.

> 모세가 여호와께 아뢰되 오 주여 나는 본래 말을 잘 하지 못하는 자니이다 주께서 주의 종에게 명령하신 후에도 역시 그러하니 나는 입이 뻣뻣하고 혀가 둔한 자니이다(출 4:10)

'주여, 나는 말을 잘못합니다. 나는 입이 뻣뻣하고 혀가 둔합니다.' 모세가 애굽을 떠나온 지 40년이 지났으니 터무니없는 핑계는 아닐 것입니다. 그래서 하나님께서 말씀합니다.

여호와께서 그에게 이르시되 누가 사람의 입을 지었느냐 누가 말 못 하는 자나 못 듣는 자나 눈 밝은 자나 맹인이 되게 하였느냐 나 여호와가 아니냐 이제 가라 내가 네 입과 함께 있어서 할 말을 가르치리라(출 4:11-12)

'누가 사람의 입을 지었느냐? 나 여호와가 아니냐? 이제 가라. 내가 네 입과 함께 있어 할 말을 가르치리라.' 우리도 말할 줄 모른다고 변명합니다. 그러나 성경은 말씀합니다.

하나님의 나라는 말에 있지 아니하고 오직 능력에 있음이라(고전 4:20)

하나님의 나라는 말에 있지 않고 능력에 있다고 합니다. 바울은 지혜와 지식을 사랑하는 철학의 도시 고린도에 가서 복음을 전할 때 '지혜의 말로 하지 아니하고 다만 성령의 나타남과 능력으로 전하였다'고 합니다. 고린도후서 10장 10절을 참고해 보면, 실제로 바울은 말이 시원치 않았습니다. 그러나 말이 시원치 않은 바울을 통해 하나님은 아시아와 유럽의 역사를 복음으로 바꾸어 놓았습니다. 하나님의 나라는 말로 이루어지는 나라가 아니라 성령의 능력으로 이루어지는 나라이기 때문입니다. 나에게 여전히 부족함이 있지만 하나님께 순종하면 하나님께서 나를 통해 일하실 것입니다.

그래도 여전히 모세는 순종을 주저합니다.

모세가 이르되 오 주여 보낼 만한 자를 보내소서(출 4:13)

하나님의 끈질긴 설득에도 모세가 거부하자 하나님께서 화를 내십니다.

여호와께서 모세를 향하여 노하여 이르시되(출 4:14)

하나님께서 모세에게 노하셨습니다. 적절한 사양은 겸손일 수 있습니다. 그러나 지나친 사양은 불신앙이요 교만입니다. 그런 자에게 하나님은 노하십니다. 하나님의 일은 내 힘으로 하는 게 아니라 하나님께서 공급해 주시는 힘으로 하는 것이기 때문입니다. 내가 할 일은 순종입니다. 내가 순종하면 하나님께서 일하십니다.

세계적인 수학자 김인강 교수는 두 살 때 소아마비에 걸렸고 가난 때문에 치료 시기를 놓쳐 소위 '앉은뱅이'가 됐습니다. 혼자 힘으로 설 수 없었기에 기어 다녔고 비료 포대 위에 엎드려 한 손으로 땅을 짚고 한 손으론 포대를 잡아끌며 이동했습니다. 그리고 이렇게 맨땅을 기어 다니는 아이를 보고 사람들은 모두 안되었다고 혀를 차곤 했습니다. 어머니는 아들을 등에 업고 학교에 입학시키려 초등학교에 갔지만 입학을 거절당합니다. 모자는 교문 밖에서 한없이 울어야 했습니다. 그러나 하나님의 계획은 달랐습니다. 인강이는 열한 살 때 재활원에서 수술보다 힘든 재활훈련을 하며 목발을 짚고 서고 걷는 법을 배웠고, 독학으로 공부하여 서울대에 들어가 수학과를 전교 차석으로 졸업한 후 미국에 유학 가서 버클리 대학에서 박사학위를 받았습니다. 이후 카이스트와 서울대에서 교수를 했고 지금은 고등과학원(KAIS)에서 학생들을 가르치고 있습니다. 2007년엔 40세 이하의 젊은 과학자에게 주는 '젊은 과학자상'을 수상하기도 했고, 세계적인 수학자로 인정받고 있습니다.

수많은 좌절과 불가능이라는 장애물 앞에서도 인생을 포기하지 않았고, 온갖 냉대와 차별 속에서도 그에게 닥쳐온 시련을 이겨낼 수 있었던 것은 신앙의 힘이었다고 고백합니다. 그는 하나님이 자신과 함께하신다는 약속을 붙들고 불가능처럼 보이는 환경에 도전했습니다. 그래서 장애물처럼 보이는 환경을 극복해 내었습니다. 하나님이 나와 함께하심을 믿는 사람은 어떤 장애물도 극복할 수 있습니다. 하나님께서 모세에게 말씀합니다.

너는 이 지팡이를 손에 잡고 이것으로 이적을 행할지니라
(출 4:17)

'너는 이 지팡이를 손에 잡고 이것으로 이적을 행하라.' 하나님께 순종하면 마른 막대기도 이적을 행하는 도구가 될 수 있습니다. 순종하면 하나님께서 일하십니다. 나의 존재, 나의 능력이 비록 마른 막대기와 같아도 순종하면 하나님께

서 일하십니다. 그래서 하나님께서 우리에게 요구하신 것은 능력이 아닙니다. 순종입니다. 모세는 하나님의 설득에 굴복하여 지팡이를 손에 들고 애굽으로 갑니다. 그리고 하나님의 백성을 해방시켜 출애굽시킵니다. 우리도 모세처럼 순종하면 하나님은 나를 통해서도 당신의 백성을 구원해 내실 것입니다. 내가 순종하면 하나님께서 일하실 것입니다. 나의 순종을 통해 일하시는 하나님을 경험할 수 있기 바랍니다.